本书受四川省科技厅2022年软科学课题（项目编号：2022JDR0070）、成都信息工程大学2022年度引进人才科研启动项目（项目编号：KYTZ2022102）、中国政府统计研究中心、成都信息工程大学教师科技创新能力提升计划"抽样调查测算创新团队"项目（项目编号：KYTD202234）等项目或平台资助

农民专业合作社多要素合作演化机理研究

—— 基于组织生态位视角

刘胜林　王雨林 ○ 著

西南财经大学出版社
Southwestern University of Finance & Economics Press

中国·成都

图书在版编目(CIP)数据

农民专业合作社多要素合作演化机理研究:基于组织生态位视角/刘胜林,王雨林著.—成都:西南财经大学出版社,2023.9
ISBN 978-7-5504-5927-4

Ⅰ.①农… Ⅱ.①刘…②王… Ⅲ.①农业合作社—专业合作社—研究—中国
Ⅳ.①F321.42

中国国家版本馆 CIP 数据核字(2023)第 168212 号

农民专业合作社多要素合作演化机理研究——基于组织生态位视角
NONGMIN ZHUANYE HEZUOSHE DUOYAOSU HEZUO YANHUA JILI YANJIU: JIYU ZUZHI SHENGTAIWEI SHIJIAO
刘胜林   王雨林   著

责任编辑:余 尧
责任校对:邓嘉玲
封面设计:何东琳设计工作室   张姗姗
责任印制:朱曼丽

出版发行	西南财经大学出版社(四川省成都市光华村街55号)
网　　址	http://cbs.swufe.edu.cn
电子邮件	bookcj@swufe.edu.cn
邮政编码	610074
电　　话	028-87353785
照　　排	四川胜翔数码印务设计有限公司
印　　刷	郫县犀浦印刷厂
成品尺寸	170mm×240mm
印　　张	10.5
字　　数	181 千字
版　　次	2023 年 9 月第 1 版
印　　次	2023 年 9 月第 1 次印刷
书　　号	ISBN 978-7-5504-5927-4
定　　价	58.00 元

序 言

习近平总书记在党的二十大报告中指出，我国全面推进乡村振兴，发展新型农业经营主体，到 2035 年基本实现农业现代化。农民专业合作社是重要的新型农业经营主体，在组织农民、发展经济、增加收入等方面具有重要的"合作增益"功能，发展农民专业合作社有助于提高农民组织化水平，在实现乡村振兴和中国式农业现代化的奋斗征程中具有不可替代的作用。相关数据显示，截至 2022 年年底，我国存续的农民专业合作社达到 224.36 万家，数量庞大。从 2007 年《中华人民共和国农业专业合作社法》颁布实施以来，尽管合作社数量有了较大增长，但整体发展质量仍不尽如人意，农民专业合作社普遍规模偏小，影响力有限，现实中"空壳社""一人社"屡见不鲜，有些合作社甚至走向消亡。早在 20 世纪 70 年代初，哈佛大学葛瑞纳教授就开始将组织视为一个生命有机体，首次提出了组织生命周期概念。作为一种特殊的组织形式，农民专业合作社当然也可以看作一个可以划分为不同阶段的有机生命体，如果将庞大的合作社群体视为一个生态系统，通过深入的理论探究，厘清其生命周期的每个阶段对应的起决定性影响的关键要素，这对精准指导农民专业合作社发展具有十分重要的现实意义。

本书借鉴组织生态学、演化经济学、合作经济学等学科理论，将农民专业合作社视为一个有机生命体，将合作社群视为一个具有动态演化规律的复杂生态系统，通过构建农民专业合作社成员多要素合作演化分析框架，运用从四川 287 家农民专业合作社的实地调研中获取的第一手数据，采取列联表、Wilcoxon 符号秩检验法、泊松回归模型、演化博弈论、扎根理论等研究方法，遵循"合作社生态位划分—合作社生态位识别—合作社生态位分离—合作社生态位演化"的逻辑主线，深入分析了处于不同生态位位阶下农民专业合作社成员多要素合作的关键要素决定机制、多要素合作演化的变异机制及其保留机制，系统回答了"决定农民专业合作社生态位分离的关键要素有哪些？""促使农民专业合作社关键要素合作演化的变异机制是什么？""农民专业合作社多要素合作演化后如何获得生存与发展机会？"三大问题，进而得到组织生态位视角下农民专业合作社成员多要素合作的动态演化规律。

本书具有以下特点：一是在研究视角上，作者将组织生命周期理论和生态学中的生态位理论二者结合起来，在不同生命周期阶段的合作社，其在整个合作社生态群落中的生态位不同，进而获取外部关键资源要素的能力也大不相同。这一研究视角既有效拓展了国内合作社研究的视域，又为其他学者提供了一个很好的交叉研究思路。二是整个研究过程很扎实，合作社分布在广阔的农村中，调查难度很大，完成这个调研任务实属不易。作者以四川种植业合作社为例，先后深入成都平原经济区、川南经济区、川东北经济区、攀西经济区、川西北生态示范区五大经济区，对300家农民专业合作社进行了问卷调查，同时对10多家典型合作社进行了持续地跟踪调研，可见作者身上具有一种求真求实的学者风范。三是研究结论对指导现实具有重要价值，本书清晰厘定了处于不同生命周期阶段的合作社在不同生态位下的关键要素及其动态演化规律，这对提高农民专业合作社管理的针对性大有裨益，更是对政府部门愈加精准扶持农民专业合作社发展大有裨益。

本书既适合高校、科研机构的研究人员和政府相关职能机构管理人员参考，也适用于农民专业合作社成员或对农民专业合作社感兴趣的社会人士阅读。本书作者是成都信息工程大学统计学院新引进的高层次人才，其对科学研究具有很强的钻研精神，也具有很强的自我学习能力，本书的出版是对其长期努力的成果彰显。我非常高兴为其作序！希望以此书的出版为契机，激励更多的中青年学者投身合作社的学术研究事业，争取研究出更多高水平科研成果，为中国合作经济事业贡献更多的高质量的智慧成果。

成都信息工程大学
统计学院院长、教授
中国政府统计研究中心执行主任
李勇
2023 年 6 月

目　录

1 绪论

在乡村振兴战略全面实施的背景下，成员多要素合作是农民专业合作社高质量发展的时代命题。本章首先从现实需求与理论研究错位的角度，提出了本书所研究的三个现实问题；其次，基于所提出的三个现实问题，提出本书研究的基本目标及主要内容；再次，根据研究要达到的基本目标及主要内容，提出本书的研究思路及技术路线，介绍拟采用的主要研究方法及资料来源；最后，提出本书研究可能的创新点。

1.1 研究背景及意义

1.1.1 研究背景

农民专业合作社是农业生产经营领域的互助性经济组织。自 2006 年起，中央一号文件至今已连续 17 年关注农民专业合作社发展，同时《中华人民共和国农民专业合作社法》于 2017 年 12 月 27 日进行了修订并实施。2020 年 7 月 22 日，习近平总书记视察梨树县卢伟农机农民专业合作社时指出，农民专业合作社是市场经济条件下发展适度规模经营、发展现代农业的有效组织形式，鼓励全国各地因地制宜发展合作社，探索更多专业合作社发展的路子。党的二十大提出建设中国式现代化，其中中国式农业现代化是中国式现代化的重要构成部分，而要实现中国式农业现代化，就必须大力发展包括农民专业合作社在内的新型农业经营主体。在党和政府的大力推动下，以及凭借合作社自身"充满阳光和温暖的福利小屋"功能，我国农民专业合作社获得了快速发展。据农业农村部的统计数据，截至 2022 年年底，全国依法注册登记的农民专业合作社达 224.36 万家，入社农户超过 1 亿户，辐射带动农户数占全国约 50%，其产业涵盖粮棉油、肉蛋奶、果蔬茶等，并加速向休闲农业、观光农业等新兴业态延伸，涌现出了土地股份合作、社区股份合作、资金互助合作、农业机械合作等多种类型的农民专业合作社。但同时也要看到，我国农民专业合作社总体上仍存在着规模小、单一合作社的竞争力弱、带动农户能力不强、全产业链收益能力较低、承担风险差等突出问题（邓衡山、徐志刚、应瑞瑶，2016；任大鹏，2018）。特别是在发展过程中，由于政府对农民专业合作社的载体化期待、经营主体套取税收优惠等多因素作用（徐旭初，2018；苑鹏，2019），合作社本质规定性的异化（应瑞瑶，2002）、漂移（黄祖辉、邵科，2009）、泛化（马彦丽，2013）等不规范发展现象普遍存在。面对农民专业合作社发展过程中的内卷化问题，无论是农民专业合作社发展政策的制定者，还是农民专业合作社发展一线的实践者，都在苦苦求索：如何才能实现农民专业合作社的高质量发展，更好地发挥其连接市场、服务小农、稳定增收的组织功能呢？

作为一种兼具合作共同体与企业的双重属性的组织形式，农民专业合作社的内部成员是一种或多种生产要素的所有者，农民"合作"本质上也是生产要素与生产要素的合作，包括土地、劳动力、资金等传统生产要素以及技术、信息、管理、组织网络、企业家才能、社会关系等现代化生产要素（林坚，2007；王曙光，2008；骆清，2010；黄胜忠，2013；魏晨，2015）。要实现农民专业合作社高质量发展，就必须在推进其规范发展的基础上，引导和促进合作社成员"从劳动合作到要素合作"（任大鹏，2018），因地制宜探索合作社内部资源整合模式，缓解合作社的资源要素禀赋约束（崔宝玉、孙迪，2019），发展壮大单体合作社，提升合作社组织竞争力。农民专业合作社成员多要素合作的必要性，可以从合作社外部要求和内部要求两个层面来理解。一方面，引导农民专业合作社成员多要素合作是实现合作社高质量发展的外部要求。党的十九大报告提出，要坚持农业农村优先发展，将乡村振兴战略作为新时代"三农"工作的总抓手。习近平总书记多次指出："乡村振兴，关键是产业要振兴。"也就是说，在乡村全面振兴中，产业兴旺是基础，是解决一切问题的前提（韩长赋，2019），而一二三产业深度融合发展又是实现产业兴旺的重要路径（李小云，2018）。在此过程中，农民专业合作社因其在"组织服务农民群众、激活乡村资源要素、引领农业产业发展和维护农民权益"等方面发挥着重要的载体作用（韩俊，2019），其必然是乡村振兴的主力军（任大鹏，

2018），也是实现农业农村现代化的重要组织载体之一。农村产业深度融合发展，要求依托农业资源整合市场要素（张首魁，2016），延伸产业链，提升价值链，从而要求必须通过引入现代要素做大做强农民专业合作社，才能让其更好地在乡村振兴与产业融合发展中担当重任。与此同时，为解决要素市场化配置中存在的突出问题，深化要素市场化配置改革，2020 年4 月 9 日，中共中央、国务院出台了《关于构建更加完善的要素市场化配置体制机制的意见》，全面提出土地、劳动力、资本、技术、数据五大要素的市场化配置改革意见。这是新时代推进经济体制改革的又一具有标志性意义的重要成果（安蓓、陈炜伟，2020），必将加快破解城乡要素双向流动的瓶颈问题，有效促进现代要素流向广大农村，从而为农民专业合作社成员多要素合作提供良好的外部生态环境。另一方面，促进成员多要素合作也是解决农民专业合作社内卷化问题的内部要求。针对实践中农民专业合作社名不符实、内卷化严重问题，2019 年 9 月 4 日，中央农村工作领导小组办公室等 11 部门共同印发了《关于开展农民合作社规范提升行动的若干意见》，按照"清理整顿一批、规范提升一批、扶持壮大一批"的办法，在全国实施农民专业合作社质量提升推进计划。新修订的《中华人民共和国农民专业合作社法》（以下简称《农民专业合作社法》）在第一章第一条中将"规范发展"作为立法的首要目的，充分体现了引导农民专业合作社规范发展的新导向（徐旭初，2019）。随着国家不断加大对农民专业合作社规范发展的政策力度，我国历年新成立的农民专业合作社数量和消亡合作社数量正呈现出明显的反向变动趋势（见图 1-1），农民专业合作社发展告别数量"跃进式"增长阶段，迎来规范发展、高质量发展、因地制宜发展的新时代。在这个过程中，一部分合作社必然通过引入新的现代要素，不断延伸价值链、做大自身发展规模，从而有效解决合作社发展的现实之困，更好地发挥其组织功能与作用。

实际上，受迫于我国农业产业纵向一体化、经济全球化带来的激烈市场竞争，我国农民专业合作社很早就将"以服务成员为宗旨"转变为"以满足市场需求为导向"（樊红敏，2011），成员身份具有明显的异质性（黄胜忠，2007；楼栋、孔祥智，2013；徐旭初、邵科，2014），因而合作社内部一开始就具有多要素合作的特点。2018 年修订实施的《农民专业合作社法》呼应发展现实，取消了对农民专业合作社"同类农产品生产经营或农业生产经营"的限制，允许农民专业合作社从事多种业务、吸收不同种类产品的生产经营者加入，甚至在第十三条直接规定允许合作社成员可用货币估价并可依法转让的非货币财产作价出资；同时新修订的《农民专业合作社法》中明确农民专业合作社联合社的法律地位。在 2019 年中共中央办公厅、国务院办公厅印发的《关于促进小农户和现代农业发展有机衔接的意见》中则进一步明确，对于补贴给小农户的财政补助资金形成的资产可先量化、再折算成入社的股份。无论是从宏观的时代背景和政策背景来看，还是从农民专业合作社自身发展现实来审视，成员多要素合作都是农民专业合作社高质量发展的时代命题，这就迫切需要理论界搞清楚农民专业合作社成员多要素合作演化的内在规律，从而为政府制定合作社高质量发展政策、提高合作社管理效能提供重要参考。

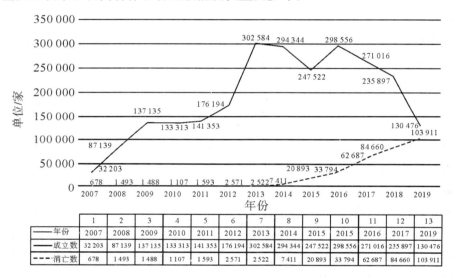

	1	2	3	4	5	6	7	8	9	10	11	12	13
年份	2007	2008	2009	2010	2011	2012	2013	2014	2015	2015	2016	2017	2019
成立数	32 203	87 139	137 135	133 313	141 353	176 194	302 584	294 344	247 522	298 556	271 016	235 897	130 476
消亡数	678	1 493	1 488	1 107	1 593	2 571	2 522	7 411	20 893	33 794	62 687	84 660	103 911

图 1-1　2007—2019 年我国农民专业合作社历年成立和消亡情况趋势

资料来源：根据农业农村部发布的相关统计数据整理绘制而成。

1.1.2　问题的提出

上述分析说明，随着乡村振兴战略的全面推进、社会资本进入农村，结合农民专业合作社高质量发展需求，必将促进合作社成员的开放与合作，合作社内部成员的合作将更多地向多要素合作方向转变。从组织生命周期的动态视角审视，在不同的发展阶段，合作社成员要素合作具有不同的特点与要求。有学者指出，21 世纪经济学的主旋律是演化经济学（庞金波、邓凌霏，2016），而就动态演化的经济过程而言，经济生物学又是经济学家的麦加（Marshall，1948）。生态学的隐喻往往能给社会科学研究带来更广阔的视角（侯杰、陆强、石涌江等，2011），特别是运用生态位理论能得到组织成长或事物发展的完整演化规律（王兴元，2006），对大量科学问题做出有说服力的解释（Jordan C F，1981），能够发现其中诸多尚未被发掘的事物（Moore，1996）。作为置身于农村、服务于农业的一类农业经营主体，如同生物生命体一样，农民专业合作社也会经历引入阶段、成长阶段、成熟阶段、分化阶段这样一个完整的生命周期（赵国杰、郭春丽，2009），在其成长过程中需要不断从外部吸收各类资源要素。但与普通生物生命体不同的是，在此过程中农民专业合作社会主动对外部环境作出反应，以增加成长的机会，以要素市场为主要内涵的外部环境与农民专业合作社之间构成相互推动的动态演变过程。还有一个明显的不同，生物生命体的生命周期是线性发展，具有不可逆的特点，而组织的生命周期是可以通过人为干预予以改变的（顾力刚、方康，2007），如通过有意识地主动引入关键要素而让其提前进入后一个生命周期阶段，生态位亦可通过人为干预予以改变。

从资源要素合作的角度看，农民专业合作社生命历程可以看作是多要素合作演化引致了合作社发展阶段的跃迁。之所以用"演化"一词，是因为合作社发展的不同阶段起决定性影响的资源要素有所不同，这是一个机理层面的根本性变化，正好契合了"演化"一词的本来之意。虽然理论界已有不少学者先后对农民专业合作社或专业合作社联合社的成长演化进行了较深入的研究，如合作社种群及其所在群落中组织的竞争状态在不同的条件下会促进或阻碍合作社的设立（梁巧、王鑫鑫，2014），合作社成长演化的机制体现为组织惯性的合理化、组织合法性程度的增强和组织生态位的跃升（张琛、孔祥智，2018）等。但当前的研究无法回应以下问题：决定农民专业合作社生态位分离的关键要素有哪些？为什么有些合作社能成功实现生态位跃迁，有些合作社却走向消亡？促使农民专业合作社关键要素合作演化的内在动力是什么？农民专业合作社关键要素合作演化后如何获得生存与发展机会？在现实中，长期被人们所诟病的"空壳社"其实有相当部分是处于生命周期的末期导致处于低阶生态位；有些发展形势良好的专业合作社做大做强，成为合作社联合社的领导者，则可以看作实现其生态位的跃迁而进入新一轮的生命周期。我们又该如何判断合作社所处的生态位位阶？如何分析其成员多要素合作演化机理？这些问题均亟待理论界给出科学的研究结论或答案。另外，我国自《农业专业合作社法》立法实施以来，政策扶持有法律依据，合作社发展空前繁荣，但相关政策对所有合作社"一视同仁"，表面上看实现了公平对待，却没有考虑到现实中合作社体现出的不同的生态位特征，对政府政策供给的需求不同，以致现有政策的针对性不强，难以达到政策公平的预期目标。

基于此，本书借鉴组织生命周期理论、组织生态位理论、合作经济理论等多理论，采取 Wilcoxon 符号秩检验法、泊松回归模型、演化博弈论、扎根理论等方法，以四川种植业合作社为例，运用实地调研所获得的第一手数据和典型案例，试图揭示出不同生态位下农民专业合作社成员多要素合作演化的基本规律。

之所以选择四川种植业合作社为例来展开研究，是基于以下三个原因：一是四川是我国农业大省，其为全国重要的南菜北运基地、西部唯一的粮食主产区。根据四川省委十一届三次全会的决策部署，未来四川将重点培育现代农业"10+3"产业体系。农民专业合作社在四川农业产业转型升级中扮演着不可替代的重要角色（陈文宽、李冬梅等，2016），研究其成员多要素合作演化机理，对加快四川构建现代农业"10+3"产业体系、助推乡村产业振兴具有十分重要的现实意义。二是四川是全国农民专业合作社发展质量相对较高的省份。截至 2019 年年底，四川省经工商注册登记的农民合作社达到 10.36 万个，其中货币出资成员 14.58 万个、土地经营权作价出资成员 88.54 万个；实现全省总经营收入 424.8 亿元，平均每社达 41 万元；实现全省可分配盈余 72.6 亿元，社员户均 1 795.8 元①。客观上讲，虽然四川省农民专业合作社的综合发展实力不是全国最强的，但四川种植业合作社总体发展质量较高，特别是在合作社要素合作创新方面走在全国前列。例如，四川率先在全国成立了第一个农民纯粹以土地要素入股的土地股份合作社。从这个角度讲，选择四川种植业合作社进行成员多要素合作研究，一方面相对较容易获得第一手案例材料，另一方面研究结论对促进全国其他省（自治区、直辖市）的农民专业合作社发展具有重要的借鉴价值。三是由于养殖业合作社对资产专用性要求比较高，实践中被强势的资本所控制的现象比较普遍，异化问题更为突出，相比较而言，四

---

① 数据来源于四川省农业农村厅农村合作经济指导处、省农经总站。

川种植业合作社在带动小农与现代农业有效衔接中发挥的作用更为突出，同时四川种植业合作社数量在所有合作社中占比近一半，因而选择四川种植业合作社来研究其多要素合作的内在演化机理具有较好的代表性，以其为研究对象更有助于从中探究出成员多要素合作演化的带有共性的普遍性规律。

1.1.3 研究意义

1.1.3.1 理论意义

一是为探究农民专业合作社成员多要素合作演化规律提供了一个新的理论分析框架。本书借鉴组织生命周期理论、组织生态位理论、合作经济理论等基础理论以及生物隐喻研究方法，构建了农民专业合作社成员多要素合作演化模型。该理论分析框架主要用于分析处于不同生态位下农民专业合作社成员多要素合作的内在机制，包括不同生态位下关键要素决定机制、关键要素合作演化的变异机制及保留机制，试图揭示农民专业合作社成员多要素合作的内在演化机理。该理论分析框架为农民专业合作社成员多要素合作研究带来了一个新的思考视域。

二是在一定程度上可弥补目前理论界从组织生态位视角研究合作社成长演化的系统性欠缺问题。根据农民专业合作社成员多要素合作演化模型，运用从实地调研中获取的第一手资料及泊松回归模型、Wilcoxon 符号秩检验法、演化博弈论、扎根理论等研究方法，可以得出农民专业合作社在完整生态位下多要素合作演化的内在规律，从而弥补现有理论研究的系统性欠缺的问题。

1.1.3.2 实践意义

一是有助于提高各级政府制定农民专业合作社扶持政策的精准性。对政府主管部门而言，如果清楚了处于不同生态位下农民专业合作社成员多要素合作演化机理，就有助于提高政府对农民专业合作社发展规律的认知，可以更加精准地为不同生态位下的农民合作社发展提供政策，从而可以规避政策偏移带来的影响，引领农民专业合作社高质量发展。正如孔祥智、周振（2017）对农民合作社规模扩张、要素匹配和合作社演进的关系进行多案例比较研究后，得出结论"政府补贴会促使合作社成员规模的扩张，但不是影响合作社制度变化的关键因子"。从某种意义上讲，这一结论说明政府政策对合作社发展的影响相对有限，至少也不像人们所想象的那么大,从而在很大程度上可以改变人们对政府政策抱有的不切实际的期待。因而,本书的研究结论有助于提高各级政府制定相关政策的精准性和有效性。

二是有助于提高农民专业合作社管理的针对性。对农民专业合作社一线的管理者和参与者而言,如果能清晰地了解农民专业合作社不同生态位下多要素合作演化的完整图谱,就有助于廓清脑海中某些错误认知,进而能较准确地预知"应该做什么"及"怎么做才是最好的",减少"摸着石头过河"的过程。比如相比处于组织生态位初级阶段,对一个处于组织生态高级阶段的农民专业合作社的成长而言,哪些要素是相对重要的?哪些要素的重要性退居其次?导致要素重要性排位变化的动力机制是什么?合作社成员多要素合作演化后如何获得生存与发展机会?显然,如果清楚了农民专业合作社成员多要素合作的这一演化机理,对增强农民专业合作社管理的针对性,提升合作社管理的效能,具有极为显著的指导作用。

1.2 研究目标与研究内容

1.2.1 研究目标

1.2.1.1 总体目标

本书研究的总体目标是探究农民专业合作社在不同生态位下内部成员多要素合作的演化机理,找到农民专业合作社多要素合作演化过程中带有共性的普遍性规律,从而为促进农民专业合作社高质量发展提供针对性更强的理论指导。

1.2.1.2 具体目标

一是构建农民专业合作社成员多要素合作演化分析框架。本书针对"农民专业合作社成员多要素合作"问题,以组织生命周期理论、组织生态位理论、合作经济理论为支撑,明确将合作社生态位划分为四种类型,科学界定每种生态位的内涵,并在此基础上,借用生物学中"变异—选择—保留"范式和生物隐喻研究方法,构建农民专业合作社成员多要素合作演化分析框架。

二是探究组织生态位视角下农民专业合作社成员多要素合作演化机制。依托四川种植业合作社实地调研数据,采用规范分析与实证分析相结合的方法，深入探究：决定农民专业合作社生态位分离的关键要素有哪些？促使农民专业合作社关键要素合作演化的变异机制是什么？合作社关键要素合作演化后如何获得生存与发展机会？

三是厘清组织生态位视角下农民专业合作社成员多要素合作的动态演化过程。全面分析每一组织生态位下农民专业合作社成员多要素合作的关键要素、关键要素合作演化的变异机制及其保留机制，得到组织生态位视角下农民专业合作社成员多要素合作的动态演化规律，绘制出合作社成员多要素合作的完整演化图谱。

四是为未来农民专业合作社高质量发展提出科学决策意见或对策建议。根据研究得出的合作社成员多要素合作演化的基本规律，提出促进农民专业合作社高质量发展的政策启示或对策建议，为政府政策制定或合作社一线管理提供决策参考。

1.2.2 研究内容

基于上述研究目标，本书的主要研究内容如下：

（1）农民专业合作社成员多要素合作的理论基础及其演化模型。首先对本书所涉及的农民专业合作社、多要素合作、演化机理等核心概念进行界定，明晰本书的研究边界；其次，运用组织生命周期理论、组织生态位理论、合作经济理论等基础理论，提出农民专业合作社生态位划分、科学内涵及多要素合作演化的三个循环过程；最后提出农民专业合作社成员多要素合作演化模型，为后文论述搭建理论框架。

（2）农民专业合作社生态位划分：基于四川样本合作社的实证。本部分在前文从理论分析的角度将合作社生态位划分为初创期生态位、成长期生态位、成熟期生态位、分化期生态位四类后，继续运用实证分析方法，将被调查的样本合作社进行聚类分析。具体分析过程为：借鉴现有理论研究成果并结合样本合作社的实际情况，构建合理的指标体系，运用列联表法、主成分分析法（PCA）等方法，采用四川287家农民专业合作社的问卷调查数据，客观描述合作社成员多要素合作在合作社的不同发展阶段所表现出来的显著差异性，将四川样本合作社按照初创期生态位、成长期生态位、成熟期生态位、分化期生态位四种生态位进行聚类分析，也就是样本合作社中，分别有多少家合作社处于初创期生态位？有多少家合作社处于成长期生态位？有多少家合作社处于成熟期生态位？有多少家合作社处于分化期生态位？分别占比多少？

（3）农民专业合作社生态位识别：位阶的关键要素决定机制。本部分在前文对样本合作社予以聚类分析的基础上，分别探究初创期生态位、成长期生态位、成熟期生态位、分化期生态位四种合作社生态位下起决定性作用的资源要素有哪些，进而得到"决定农民专业合作社处于每一生态位下的关键资源要素是什么"的一般性结论。具体分析过程为：基于对四川农民专业合作社的问卷调查所获得的第一手数据，运用 Wilcoxon 符号秩检验等方法，探究不同生态位下农民专业合作社成员多要素合作的关键资源要素，并构建泊松回归模型进行计量分析，以深入反映样本合作社成员多要素合作影响因子及其关系。

（4）农民专业合作社生态位分离：关键要素合作的变异机制。本部分在前文厘清"每一生态位下关键资源要素是什么"的基础上，探究合作社经历"初创期生态位→成长期生态位→成熟期生态位→分化期生态位"的生态位演化过程中，后一生态位下的关键资源要素如何取代前一生态位下的关键资源要素，这其中蕴含的内在规律是什么。具体分析过程为：运用演化博弈论方法，针对四川地区典型的多要素合作的农民专业合作社，深入探究促使农民专业合作社生态位分离的内在驱动力及其完整的博弈演化过程，以此对合作社成员多要素合作演化的变异机制进行深入探究。

（5）农民专业合作社生态位演化：关键要素合作的保留机制。本部分在前文分析的基础上，探究后一生态位下的关键资源要素取代前一生态位下的关键资源要素，合作社进入更高阶生态位后，面对新的生态位下同类型合作社生态群落的激烈竞争，如何获取生存与发展的机会（或称为"如何占据有利的生态利基"）。具体分析过程为：从典型调查样本中选取 2 家具有代表性的农民专业合作社，运用组织生态学理论和扎根理论，从合作社管制合法性、利益相关者合法性、认知合法性三个方面，深入分析不同生态位下农民专业合作社关键要素合作的合法性获取问题。

（6）促进农民专业合作社成员多要素合作的政策建议。本部分得出全文的研究结论，并针对研究结论提出促进农民专业合作社成员多要素合作的若干政策建议。

1.3 研究思路与技术路线

1.3.1 研究思路

对组织演化机理问题的探究，一般必须搞清楚"是什么""为什么""如何演化"三个问题（李钢，2006）。其中，"是什么"要回答"组织演化的影响因素有哪些"；"为什么"要回答"组织演化的动力基础是什么"；"如何演化"要回答"组织演化的过程是怎样的"。基于此，本书遵循"合作社生态位划分—合作社生态位识别—合作社生态位分离—合作社生态位演化"的逻辑主线（见图1-2），借鉴组织生态位理论及生态隐喻研究法，对农民专业合作社成员多要素合作演化的内在规律进行系统而深入的研究。具体研究过程如下：

第一，将组织生命周期理论和组织生态位理论结合起来，将合作社生态位划分为初创期生态位、成长期生态位、成熟期生态位、分化期生态位四种生态位类型，并对这四种合作社生态位类型的内涵予以界定。这是全书写作的起点，也为后面对合作社生态位进行识别奠定了理论基础。这部分对应的是本书的第三章内容。

第二，运用科学的方法对被调查样本合作社的生态位类型进行聚类分析，也就是样本合作社中，分别找出有多少家合作社处于初创期生态位？有多少家合作社处于成长期生态位？有多少家合作社处于成熟期生态位？有多少家合作社处于分化期生态位？分别占比多少？并从中筛选出符合本书研究所需的样本合作社，为本书的实证分析奠定基础。这部分对应的是本书的第四章内容。

第三，运用主成分分析法、Wilcoxon符号秩检验法等方法，对聚类分析筛选出来的符合实证分析需要的样本合作社进行生态位识别，也就是搞清楚初创期生态位、成长期生态位、成熟期生态位、分化期生态位四种生态位类型下起决定性作用的资源要素是什么，换言之就是决定合作社位于此生态位类型而不是彼生态位类型的最核心的要素是什么。根据核心竞争力理论，企业要想在竞争中取得优势，就必须拥有独特的有形资产和无形资产，将能够带来企业竞争优势的资源称为关键资源（谢恩、李垣，2001）。厘清合作社在每一生态位类型下的关键资源要素，就能够为合作社高质量发展提供科学的决策参考。本部分对应的是本书的第五章内容，回答合作社成员多要素合作演化机理的"是什么"的问题。

第四，在清楚了初创期生态位、成长期生态位、成熟期生态位、分化期生态位四种生态位类型的关键资源要素的基础上，从动态演化的角度，基于典型案例的演化博弈分析，重点探究后一生态位类型的关键资源要素是如何取代前一生态位类型的关键资源要素的，也就是要清楚某一生态位下关键资源要素成员与非关键资源要素成员之间的动态博弈过程。这部分对应的是本书的第六章内容，回答合作社成员多要素合作演化机理的"为什么"的问题。

第五，在清楚某一生态位下关键资源要素成员与非关键资源要素成员之间的动态博弈过程的基础上，借鉴生态学中"变异—选择—保留"的经典范式，探究关键资源要素成员取代非关键资源要素成员的地位。合作社生态位跃迁后，进入新的生态位竞争，作为新生态位的新进入者，如何在面对新生态位下其他合作社或其他农业经营主体的资源争夺上，占据有利的生态利基，以确保自己能够生存和发展下去。这部分对应的是本书的第七章内容，回答合作社成员多要素合作演化机理的"如何演化"的问题。

第六，根据农民专业合作社成员多要素合作的演化机理及其演化图谱，提出促进农民专业合作社成员多要素合作的相应政策建议。

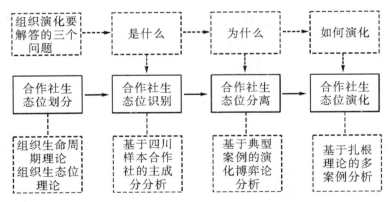

图1-2　本书研究思路及写作的逻辑主线

1.3.2　技术路线

本书技术路线如图1-3所示。

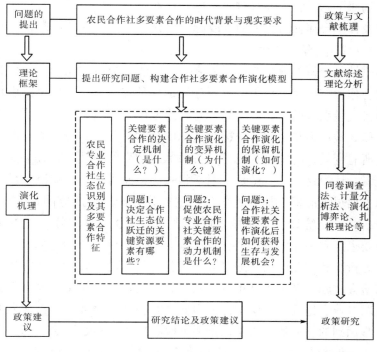

图 1-3　技术路线

1.4　研究方法与数据来源

1.4.1　研究方法

1.4.1.1　调查研究法

本书实证分析部分的数据主要来源于问卷调查所得的第一手资料，共计调查了四川地区的300家农民专业合作社，回收有效问卷287份，从而全面了解了被调研合作社内部成员要素合作的基本情况。同时还就其中发展相对较好、对本书研究具有典型意义的种养殖业合作社进行了重点调研，包括兴文县HQ粮油种植专业合作社、安岳县鸿安红薯专业合作社、江油市SL种养殖农民专业合作社联合社、威远县大棚蔬菜种植专业合作社、沐川县一枝春产业专业合作社、汶川县三江鹞子山种植专业合作社等，从而为本书基于扎根理论的多案例研究提供了案例素材。此外，本书还先后调研了四川省农业农村厅农村合作经济指导处、部分县市区农业农村局以及样本合作社所在地的乡政府（或村委会）及合作社普通成员。

1.4.1.2　计量分析方法

本书计量分析部分主要运用主成分分析法来分析农民专业合作社成员多要素合作生态位聚类。①主成分分析是一种统计方法，最早是由皮尔森对非随机变量引入的，后霍特林将此方法推广到随机向量的情形，霍特林的推导模式被认为是主成分分析法成熟的标志。其基本原理为：对于原先提出的所有变量，将重复的变量（关系紧密的变量）删去，建立尽可能少的新变量，使得这些新变量是两两不相关的，而且这些新变量在反映课题的信息方面尽可能保持原有的信息。主成分分析法广泛应用在数学建模、数理分析、人口统计学等领域。该方法的最大优点是对样本量的要求不高，只要求用到一年的数据，且经过冯变英（2014）等学者的研究，认为主成分分析法和产业增长率法二者之间具有较好的一致性。此方法比较契合本书研究主题。②运用 Wilcoxon 符号秩检验法、泊松回归模型等方法来研究农民专业合作社不同生态位下多要素合作的关键要素。差值检验方法较多，常用到的有参数方法中的配对 t 检验法、非参数方法中的符号检验法和 Wilcoxon 符号秩检验法。相比而言，配对 t 检验法要求符合近似正态分布的假设，符号检验法则会丢失样本所含的部分信息（胡文伟、李湛，2019），它们都存在一定的缺陷，但 Wilcoxon 符号秩检验法是在成对观测数据的符号检验基础上发展起来的，比传统的单独用正负号的检验更加有效，因此本书选择采用 Wilcoxon 符号秩检验法。在此基础上，本书还运用泊松回归模型来反映农民专业合作社成员多要素合作情况。

1.4.1.3　演化博弈论

本书主要运用演化博弈论方法来研究农民专业合作社成员多要素合作演化的变异机制。演化博弈论的发展几乎与现代演化经济学的复兴处于同一时期（Maynard Smith，1982；Nelson&Winter，1982），其思想可以追溯到博弈论中对纳什均衡概念的解释，"大规模行动的解释"（mass action interpretation）就是演化博弈论的解释方式。但演化博弈论的兴起却受到了博弈论和生物演化的双重影响（黄凯南，2009）。该理论方法认为博弈参与者所拥有的知识是相当有限的（与经典博弈的假设不同），不会像重复博弈那样尝试通过声誉机制来影响未来的行动（Friedman，1998），通常是通过某种传递机制获得演化稳定策略（evolutionarily stable strategy）。在演化博弈分析框架中，将经典博弈中的支付函数转化为生物演化领域的适应度函数，认为某种策略的适应度不仅仅取决于它在博弈中获取的支付，还可能取决于特定社会文化背景下人们对该策略的各种主观道德评价，以及个体对该策略的学习能力和个体间的社会互动模式。变异机制和选择机制（Weibull，1995）是博弈演化的两个基本过程，其建模主要依赖于选择机制（黄凯南，2009）。复制者动态是一种典型的基于选择机制的确定性和非线性的演化博弈模型。在此模型上加入策略的随机变动，就构成了一个包含选择机制和变异机制的综合演化博弈模型，被称为复制者—变异者模型（Nowak，2006）。如果一个现存策略是演化稳定均衡策略，就必须存在一个正的入侵障碍，使得当变异策略的频率低于这个障碍时，现存的策略能够比变异策略获得更高的收益（Maynard Smith&Price，1973；Maynard Smith，1982）。

1.4.1.4 扎根理论

扎根理论研究法（grounded theroy method）是一种相对成熟的质性研究方法，最早于 1967 年由格拉斯（Glaser）和斯特劳斯（Stauss）提出，后经考宾（Crobin）、迈尔斯（Miles）、休伯曼（Hubeman）等学者的共同努力，进一步予以发展和完善。与实证研究法不同的是，扎根理论研究法更加关注"自然呈现和发现"，也就是说在研究开始之前，对所要研究的问题不作理论假设，直接从访谈、观察等途径获得的原始材料中进行开放性编码（open coding）来提炼相关概念，然后通过主轴性编码（axial coding）和选择性编码（selective coding）予以深入聚类，最终得到理论模型。该方法本质上是"一种自下而上的归纳式研究方法"（张敬伟、马东俊，2009），宗旨是从经验资料中建构理论（Stauss，1987），特别适合用于那些认知还不够深入的社会问题研究，在这一点上明显优于仅适用于考察已识别变量之间关系的量化研究方法。再加上扎根理论提出了一整套系统的数据收集方法来帮助理论建构，并且强调"持续比较"（constant comparison）和"理论取样"（theoretical sampling）的重要性，具有较为科学的操作流程以及注重实践的方法论特点，因而该研究法越来越受到管理学领域的学者们的关注（王璐、高鹏，2010）。适用建构扎根理论的有两种情景：纵向理论建构和横向理论建构。纵向理论建构的主要目的是探究一个组织内部各种事件的发展阶段和不同事件之间的因果关系，横向理论建构适用于考察以往研究中存在争议或者没有研究先例的特定问题。目前国内理论界运用组织生态学理论来研究农民专业合作社组织成长的学者很少，这意味着理论界对农民专业合作社成员多要素合作后如何获得生存与发展机会的研究还处于探索阶段。因此，运用横向理论建构的扎根理论研究法特别适合用于本问题的研究，也比较容易形成创新性成果。扎根理论研究法具有小样本特点（冯生尧、谢瑶妮，2001），对单案例和多案例研究均可适用，目前国内学者中已有崔宝玉、孙迪（2019）采用单案例方法对农民合作社联合社合法性的动态获取机制进行了研究。但相比较而言，多案例研究的结论具有不可比拟的优势，如其研究结论更可靠也更准确（黄振辉，2010），即多案例研究优于单案例研究。因此，本书基于扎根理论运用多案例对农民专业合作社成员多要素合作演化的保留机制进行分析。

1.4.2 数据来源

本书中涉及的数据、典型案例等资料，其来源主要有四个方面：①国内外文献数据库检索。在本书研究的初期，首先通过 CNKI 中国知识资源总库、中文社会科学引文索引（CSSCI）、万方数据资源系统等中文数据库，以及 PQDT 学位论文全文库、Emerald 全文期刊库（管理学）数据库等外文数据库，对农民专业合作社相关文献进行了系统检索。②权威部门发布的统计数据。本书较多引用了农业农村部、四川省农业农村厅、市县农业农村局以及各级统计局所发布的权威统计数据。③实地调研或问卷调查获得的第一手数据。调研时间主要集中在 2017 年 12 月至 2019 年 7 月。笔者首先走访了四川省农业农村厅农村合作经济指导处，与该部门的主要负责人进行了面访，从总体上了解全省农民专业合作社发展情况，通过访谈确定了问卷调研的重点区域及重点调研的案例对象。其次又实地走访了拟重点调研区域的县（市、区）农业农村局，与相关职能处室的负责人进行了面访或举行小型座谈会，实地了解当地农民专业合作社发展现状、存在的问题及典型案例。最后，笔者对成都平原经济区、川南经济区、川东北经济区、攀西经济区下属的 12 个区县共 300 个合作社进行了问卷调查，并对部分具有典型价值的农民专业合作社进行了深度访谈。④专家学者的学术观点。笔者长期浸润于"中国合作经济青年工作坊"微信群。该群由浙江大学中国农民合作组织研究中心（CCFC）主任徐旭初教授发起，孔祥智、任大鹏、苑鹏、傅新红、马彦丽等国内合作经济研究的权威专家和合作社法制定者以及众多研究合作社的青年学者、农业农村部及地方行政主管部门官员、全国各地一线合作社社长（理事长）经常依托微信群开展农民合作社学术研讨或讲座，就中国农民专业合作社的发展展开研讨。群里发起的每项在线学术活动笔者都积极参与其中，一次不落。

1.5 研究创新点

（1）从组织生态位视角构建了农民专业合作社成员多要素合作演化模型。运用组织生命周期理论、组织生态学理论、合作经济理论等基础理论，借鉴生物隐喻研究法，从组织生态位视角构建了农民专业合作社成员多要素合作演化模型，为探究农民专业合作社成长演化问题提供了一个新的理论模型。

（2）创新性地提出了农民专业合作社在不同生命周期阶段相对应的生态位类型划分。本书将组织生命周期理论和生态位理论有机结合起来，提出农民专业合作社在不同生命周期阶段相对应的生态位类型划分，依次为初创期生态位、成长期生态位、成熟期生态位、分化期生态位四种，并对这四种合作社生态位的具体内涵进行了清晰的界定。

（3）从动态分析的角度揭示了农民专业合作社多要素合作演化的基本规律。通过实证分析与规范分析相结合的方法，厘清了不同生态位下决定农民专业合作社生态位分离的关键要素各有哪些，揭示了促使农民专业合作社关键要素合作演化的变异机制是什么，明晰了不同生态位下农民专业合作社获取生存与发展的保留机制各是什么，从而在一定程度上弥补了从组织生态位视角研究农民专业合作社理论系统性欠缺的问题，深化了人们对农民专业合作社成员多要素合作演化规律的认识。

2 农民专业合作社要素合作的国内外研究进展及文献综述

本章遵循"生产要素与要素市场—组织要素合作—农民专业合作社要素合作—动态演化角度下的合作社要素"的思路，对农民专业合作社要素的国内外研究现状进行了梳理，并从中发现现有研究存在的不足之处，提出本书研究所要聚焦的主要问题，指出本研究在现有研究基础上可能做出的理论创新。

2.1 生产要素与组织要素合作的内涵研究

2.1.1 生产要素与要素市场研究

生产经营活动是人类生存与发展的基础，而生产要素又是一切生产经营活动不可或缺的基本条件。纵向来看，人类对生产要素的类型划分经历了从二元论到多元论的历史演变。最早的生产要素理论是由威廉·配第（William Petty）提出来的，形成了劳动和土地的二元生产要素理论。随后亚当·斯密（Adam Smith）、让·巴蒂斯特·萨伊（Jean-Baptiste Say）等经济学巨擘先后提出了劳动、资本和土地是最基本的三种生产要素，如亚当·斯密在其代表作《国富论》中提及"无论是什么社会，商品的价格归根到底都分解成为劳动、资本和土地三个部分或其中之一"。在此基础上，剑桥学派创始人阿尔弗雷德·马歇尔（Alfred Marshall）将"组织"纳入进来，提出生产要素的四元论，以彰显管理、企业家才能在生产经营中极其重要的作用。发展至今，技术、信息的重要性日益凸显，"技术是第一生产力""信息是可持续发展的基础"等论断陆续被广为接受，二者随之也被看作是不可或缺的基本生产要素。此外，还有经济学家将人力、财力、物力、自然力、运力和时力看作是六种生产要素，以致形成生产要素的六元论亦或是多元论等学术观点。

社会生产过程离不开资本、劳动力、技术、土地、信息等诸多因素。构成社会生产过程的这些因素，被称为生产要素，而构成这些生产要素交换关系的总和，被称为生产要素市场（简洁，1993）。对于培育农村生产要素市场的重要意义很早就有学者给予了关注，如徐荣安在1999年提出农村要素市场培育对于发展农村经济、增加农民收入、完善市场体系、促进整个国民经济持续增长等均具有深远意义。但受诸多因素制约，我国农村要素市场改革长期滞后于产品市场的改革，农村生产要素的市场化程度十分低下，资源无法得到优化配置，导致农村经济发展停滞不前（邓晰隆，2007），继续深化农村要素市场的改革始终是农村改革的主攻方向（党国英，2008）。未来我国农村生产要素市场化改革面临着乡村生产力滞后、城乡发展不均衡、缺乏外部力量支持等诸多挑战（柯珍堂，2020）。党的十八届三中全会的《中共中央关于全面深化改革若干问题的决定》对市场在资源配置中的作用表述，以及随后中央作出系列改革，特别是中共中央、国务院《关于构建更加完善的要素市场化配置体制机制的意见》的出台，客观上要求必须深化农村产权制度改革，在乡村振兴背景下应加强顶层设计，深化乡村供给侧结构性改革，加大现代生产要素投入，推动我国农村生产要素市场化改革。

2.1.2 组织要素合作内涵研究

早期学者认为，企业的竞争优势来源应着重考察对外环境的机会和威胁、企业内部的实力和弱点。例如，SWOT分析法就是一个常用的组织竞争优势来源分析工具。此外，波特的"五力模型"在现实中也运用得比较多，这一模型将同行业内现有竞争者的竞争能力、潜在竞争者进入的能力、替代品的替代能力、供应商的讨价还价能力与购买者的议价能力等内部和外部五种因素纳入同一模型之中，以此来判断某行业的竞争程度。到了20世纪80年代以后，资源依赖学派着重强调了企业内部优势的重要性，认为与市场机会的变化无常相比，内部特征和能力是竞争优势更稳定的依靠（蒙马利，1997），企业应合理配置各种资源要素以形成不同的业务。随着核心竞争力概念（普拉海拉德、哈默，1990）的提出，理论界认为不应将企业简单地看成是不同业务的组合，而应看成是一个存在于业务组合背后的、更深层次的核心竞争力的组合。也就是说，企业要想在竞争中取得优势，就必须拥有独特的有形资产和无形资产。谢恩（2001）将能够带来企业竞争优势的资源称为关键资源。有价值、稀缺性、不可模仿和替代是对关键资源进行评判的三个标准（Jay Barney，1995）。占有某种有价值的资源，就意味着企业拥有了某种潜在的竞争优势。这种潜在优势是否能转换成某种现实的优势，取决于资源的稀缺性、不可模仿和替代性，如果竞争对手能够相对容易获得这种资源或替代资源，那么这种优势也不会持久。换言之，企业拥有有价值的资源只是获得潜在优势，拥有有价值且稀缺的资源能获得短暂优势，只有同时拥有有价值、稀缺且难以模仿的资源才能获得持续的竞争优势。到了 20 世纪 90 年代中后期，随着知识经济的飞速发展，又有学者提出比别人学得更快是获得竞争优势的唯一途径（Sveiby，1997）。因此，随着时代发展，企业要想获得持久的竞争优势，就必须放弃以往的、建立在某几项关键资源上的静态竞争优势获取模式，以一种动态的眼光来对待竞争优势的获取问题（谢恩、李垣，2001）。

2.2 农民专业合作社成员多要素合作研究

2.2.1 农民专业合作社成员多要素合作内涵研究

虽然上述关于生产要素分类的学术观点都是基于生产者（producer）或厂商（manufacturer）视角而提出来的，但农民专业合作社作为一种兼具合作共同体与企业的双重属性的组织形式，合作社成员是一种或多种生产要素的所有者，农民"合作"实质上也是生产要素与生产要素的合作。对此，国内外学者从不同的角度出发提出了许多不同的观点。例如，林坚（2007）认为合作社成员在资源禀赋方面的异质性主要体现在自然资源、资本资源、人力资源和社会资源四个方面；王曙光（2008）将农民合作社生产要素概括为劳动力、土地、资金、技术、管理、信息等方面；李少华、樊荣（2012）认为农民专业合作社的生产要素主要包括自然资源、资本、劳动力、科学技术四种；安华、邵锋、孔祥智（2012）根据合作社成员层级位置将资源禀赋分为社会资本、资金、土地和劳动力四类，并认为普通农户和生产大户在土地、劳动力上具有比较优势，购销成员、经纪人或出资股东在资金上具有比较优势，核心管理层在社会资本上具有比较优势；骆清（2010）、黄胜忠（2013）、刘小童等（2013）均将农民专业合作社的生产要素划分为关键要素和一般要素两种，其中关键要素主要包括资金、技术、组织网络、企业家才能、社会关系等，一般生产大户、运销大户、村社干部、基层农户组织、龙头企业等主体在此方面具有先天优势；魏晨（2015）将农业生产要素分为传统生产要素和现代化生产要素，土地和劳动力要素被视为传统生产要素，而资金、技术、管理等则是构成现代化生产要素的主要成分；等等。随着土地所有权、承包权、经营权三权分置、经营权流转的不断推行以及以"资源变资产，资金变股金，农民变股东"为主要内涵的"三变改革"的不断深化，为适应农民财产多样化发展要求，新修订的《农民专业合作社法》明确规定"农民专业合作社成员可以用货币出资，也可以用实物、知识产权、土地经营权、林权等可以用货币估价并可以依法转让的非货币财产，以及章程规定的其他方式作价出资"，并将社员出资划分为货币出资、非货币出资和其他形式出资三类，尤其是允许农户以土地经营权、林权等方式出资，从而使农民专业合作社成员多要素合作的内涵实现了重要突破，极大拓宽了农民专业合作社成员多要素合作的要素来源。

2.2.2 农民专业合作社成员多要素合作机理研究

关于合作社生产要素合作机理研究，张清津（1988）认为生产要素合作实质上是生产力诸要素的集中组合形成新的（更大的）生产力，目的在于扩大经营规模，追求利润最大化。白雪娇（2014）运用有机聚合和均衡聚合理论对合作社生产要素聚合进行了研究，认为发展初期往往是劳动、土地、生产工具等同质要素的"机械聚合"，而要素的简单相加会随着投入量的增加出现边际效应递减，这时就需要引入资金、技术、管理等新的要素，实现"有机聚合"，提升组织内部要素的使用效率；均衡聚合是基于要素互补性和差异性，能够实现适度的"规模效益"，土地、劳动、资本、技术等要素可以在开放市场上自动地实现均衡聚合，并且呈现出"螺旋式"上升态势。何安华、邵锋、孔祥智（2012）以辽宁省 HS 农民专业合作社为例分析了合作社成员的资源禀赋差异与合作社利益分配之间的关系，认为资源禀赋的差异导致上层成员参与合作更多依靠多要素，而下层成员参与合作则主要凭借固有要素。魏晨（2015）通过对孟庄村合作社形成与发展的动态过程进行考察，认为合作效益的实现是农民合作的前提，合作效益的实现需要打破要素整合壁垒，要素整合程度决定合作质量，并将要素整合分为分散整合、传统要素的整合、传统与现代化要素的整合三个阶段，并选取要素同质性、要素替代性、要素流通性、合作效益、合作稳定性等几个维度来对要素整合程度与合作质量进行了解析。

2.2.3 农民专业合作社成员多要素合作模式研究

关于合作社生产要素合作模式，李少华、樊荣（2012）根据各个农业生产要素之间结合的合理度和紧密度不同，将农业生产要素分为分离型、松散型、相对合理紧密型和合理紧密型四种基本类型，在不同情况下各合作要素的活跃程度不同，生产要素之间合作的紧密程度也不相同。王曙光（2012）从农业产业链、全要素的角度出发，认为合作社合作模式主要有全过程合作和全要素合作两种，全过程合作意味着农民在整个生产过程中实现全方位的合作，合作贯穿农业生产的全部过程；全要素合作就是要实现合作社成员间劳动力、土地、资金、技术、管理、信息等各种要素的共享与互助。李继志、封美晨（2016）基于工商资本下乡时代背景出发，认为工商资本参与农民专业合作社的发展已经成为一种普遍现象，彼此合作机制的形成受到初始支付矩阵和关键函数参数选择的影响；等等。

2.3 农民专业合作社成长演化研究

2.3.1 农民专业合作社生命周期研究

从动态角度看，作为一种兼具合作共同体与企业双重属性的组织形式，农民专业合作社也可以看成是一类组织有机体（赵国杰、郭春丽，2009；陈莎、陈灿，2013；倪细云，2013）。目前理论界运用组织生命周期理论研究企业生命周期演化问题较多，用于研究农民专业合作社的生命周期演化问题相对较少。在现有研究中，有学者将农民专业合作社的生命周期划分为三个阶段，如应瑞瑶（2006）将合作社成长划分为起步、规模型成长和纵向成长三个阶段，指出规模型成长是合作社成长的一般规律。有学者将农民专业合作社的生命周期划分为四个阶段，如赵国杰、郭春丽（2009）以2007年7月1日《农民专业合作社法》的颁布实施使得农民专业合作社的发展步入法制化轨道为起点，将农民专业合作社的生命周期划分为引入期、成长期、成熟期、分化期四个阶段，并指出了每个阶段可能出现的危机类型以及发展方向；陈莎、陈灿（2013）依据生命周期理论，将农民专业合作社发展过程划分为诞生、成长、成熟、分化（衰退或再发展）四个阶段，研究了各阶段农户对合作社信任的变化规律；张琛、孔祥智（2018）根据组织生态学理论，将所选案例合作社的发展划分为蹒跚起步、探索成长、规范发展、市场拓展四个阶段，归纳出合作社成长演化模型。也有学者将农民专业合作社的生命周期划分为五个阶段，如库克和伯尔斯（Cook & Burress，2009）认为合作社生命周期包括经济合理性认定、组织设计、成长发展、自我认识和反思、选择五个阶段；倪细云（2013）根据样本合作社的发展实际情况，将农民专业合作社的生命周期划分为经济合理阶段、组织设计阶段以及成长、成熟和异质性阶段、识别与反省阶段、选择阶段五个阶段；张颖、王礼力、曹燕子（2015）运用主成分分析法，根据农民专业合作社的盈利能力、服务能力、偿债能力、社区带动能力、股权集中度、盈余分配机制六方面在其不同发展阶段的差异性和动态演化规律来判断，将综合服务型种植类合作社划分为创办期、引入期、成长期、成熟期、分化期五个阶段。还有个别学者认为不能将企业生命周期理论生搬硬套到农民专业合作社组织之上，原因在于合作社的组织宗旨、经营策略与企业存在一些不同之处。农民专业合作社生命周期理论代表性学者与观点见表2-1。

表2-1　农民专业合作社生命周期理论代表性学者与观点一览

阶段划分	代表性观点	代表性学者
三阶段论	规模型成长是合作社成长的一般规律，其成长可划分为起步、规模型成长、纵向成长三个阶段	应瑞瑶
四阶段论	以合作社法的颁布实施使得农民专业合作社的发展步入法制化轨道为起点，将农民专业合作社的生命周期划分为引入期、成长期、成熟期、分化期四个阶段；依据生命周期理论，将农民专业合作社发展过程划分为诞生、成长、成熟、分化（衰退或再发展）四个阶段；等等	张琛、孔祥智；赵国杰、郭春丽；陈莎、陈灿；等等

表2-1(续)

阶段划分	代表性观点	代表性学者
五阶段论	根据样本合作社的发展实际情况,将农民专业合作社的生命周期划分为经济合理阶段、组织设计阶段以及成长、成熟和异质性阶段、识别与反省阶段、选择阶段五个阶段;据农民专业合作社的盈利能力、服务能力、偿债能力、社区带动能力、股权集中度、盈余分配机制六方面在其不同发展阶段的差异性和动态演化规律来判断,将综合服务型种植类合作社划分为创办期、引入期、成长期、成熟期、分化期五个阶段	Cook & Burress;倪细云;张颖,王礼力,曹燕子;等等

2.3.2 农民专业合作社组织生态学研究

组织的成立、发展及死亡一直是组织生态学领域所关注的一个重要问题(Freeman et al.,1983;Carroll Glenn & Hannan,2000;Werner & Kay,2006),其中组织惯性(organizational inertia)、合法化(legitimation)、生态位(niche)等概念和理论是组织生态学常用到的核心思想,如认为组织惯性的增强对组织发展初期增强其生存能力和竞争力有利(Barney,1991),但随着组织不断发展,组织惯性转而成为阻碍组织实现深层次发展的重要因素(Haag,2014);受资源禀赋特征方面局限性的影响,新成立的组织失败的可能性较高(Carroll & Delacroix,1982;Hager et al.,2004),此时如果采取合法化的惯例行为则有助于实现其生存和发展(Shepherd & Zacharkis,2003;Tornikoski & Newbert,2007);组织的发展本质上是一个生态化过程,在生态系统中,组织生态位的变化会导致资源分布的变化(Agarwal & Sarkar,2002);等等。组织生态学应用在企业研究领域相当普遍,但该理论应用在农民专业合作社领域则比较少见,部分学者对农民专业合作社成长演化问题进行了一定的研究,如埃杰斯特罗姆(Egerstrom,2004)、孔祥智(2005)、郭红东(2009)等国内外学者系统研究了影响合作社成长演化的因素,认为合作社利益相关者、政治、法律、环境、社会发展、文化等以及合作社物质资本资源、组织资本资源等因素是决定合作社成长演化的重要因素,合作社的成长是内外因素共同作用的结果。也有部分学者探究了合作社成长演化机理,如刘同山、孔祥智(2013)采取案例分析法,具体分析了关系治理对辽宁省西丰县永得利蔬菜合作社成长的影响，得到"规范化、法制化和关系治理的制度化是影响合作社成长的重要路径"的研究结论；孔祥智、周振（2017）通过构建"规模扩张—要素匹配—合作社演进"分析框架剖析了驱动合作社成长演进的三大主要因素，包括服务规模扩张的需要、资本扩张的需要和政府补贴使合作社规范化发展。

虽然理论界已有部分学者将组织生态学理论用来研究企业发展，如侯杰等（2011）对5家典型中小企业的成长演化机理从组织生态学角度进行了剖析；Liu & Wu（2016）运用组织生态学分析了中国4家律师事务所由小变大的演化过程。但目前还很少有学者从组织生态位视角审视农民专业合作社成长演化，其相关研究成果不多。国内较早进行相关研究的是浙江大学管理学院的梁巧和浙江财经大学财经学院的王鑫鑫，梁巧、王鑫鑫（2014）两位学者基于产业组织生态学视角研究了我国农民专业合作社设立的生态化和制度化过程；张琛、孔祥智（2018）从组织生态学视角，基于"变异—演化—发展"的研究主线，从合作社成长演化变异因素入手，深入探究合作社成长演化机理，归纳出合作社的成长演化分析模型；崔宝玉、孙迪（2020）以组织生态学为理论基础，建构了联合社演化机理的理论分析框架，对联合社建群者特征与联合社建群者的生态圈效应和生态位效应之间的形塑关系进行了深入研究。

2.4　研究述评

随着我国农民专业合作社发展步入新时代，未来农民专业合作社发展将更加注重规范发展、更加注重高质量发展、更加注重因地制宜发展。基于此，对未来理论研究的展望，本书认为在研究选题、研究视角、研究方法上将呈现出一些新的特征，表现为：①在农民专业合作社研究选题上，将更加关注农民专业合作社规范发展、高质量发展、因地制宜发展问题。针对农民专业合作社规范发展问题，迫切需要厘清规范发展的内涵、影响因素、实现路径等问题；针对合作社高质量发展的问题，迫切需要剖析高质量发展的内涵、内在动因、演化机理、实现路径等问题；针对农民专业合作社因地制宜发展，迫切需要厘清因地制宜发展的影响因素、发展模式、实现路径等问题。可以预见，未来理论界将围绕这些研究方向产生一大批新的研究成果。②在农民专业合作社研究视角上，将会更多地将生物学、生态学、遗传学、物理学、系统工程学等学科的理论和方法应用到农民专业合作社研究上来，从而不断地开辟农民专业合作社研究的新视角、新领域。例如，学术界有一种观点认为，从生态学视角研究经济管理科学的问题，能够发现其中诸多尚未被发掘的事物（Moore，1996），那么运用生态学理论分析处于不同生命周期阶段的农民专业合作社的生态位，有利于廓清农民专业合作社成员多要素合作的内在演化机理，深化人们对农民专业合作社成长路径的认知。③在农民专业合作社研究方法上，除了计量经济模型法、比较研究法、案例研究法、文献研究法等方法外，将会有更多新的研究方法不断引入进来，如针对农民专业合作社发展的生命周期特点，运用实验法进行长达数年甚至数十年的持续跟踪研究，通过对单个合作社的时间序列数据的深入研究，更加有助于发现深层次问题。

通过对农民专业合作社成员多要素合作研究和农民专业合作社成长演化研究的系统梳理，目前理论研究还存在以下三点不足：一是随着我国农村"三权分置""三变改革"等重大改革的深入推进以及新修订的《农民专业合作社法》允许农户以土地经营权、林权等方式出资，使得农民专业合作社成员多要素合作的内涵呈现出新的特点，虽然目前理论界已有学者将以土地经营权、林权等方式出资的虚拟要素纳入研究范畴，但是现有研究大多聚焦的是虚拟要素入股合作社的法律障碍（高海，2011；郭晓静，2013；任大鹏，2015；杨仕镓，2017）、制度构建（许英，2012；许淑芬、蒋辉宇，2012；赵攀奥、陈利根、龙开胜，2017）、影响因素（武林芳，2011；刘彬彬，2015）等问题，而对于虚拟要素合作对农民专业合作社成长演化到底具有何种影响，尚缺少实证检验的成果，也就是说对合作社要素合作的理论研究还存在许多"未知领域"，亟待理论界就此问题进行系统而深入的研究。二是很少有学者从组织生态位视角来研究农民专业合作社的发展问题，特别是针对农民专业合作社成长演化的研究，目前国内理论界仅有梁巧和王鑫鑫（2014）、张琛和孔祥智（2018）、崔宝玉和孙迪（2020）等学者进行过相关的研究，虽然这些少量的研究成果拓展了合作社的理论研究视野，但这些研究成果主要聚焦在农民专业合作社发展的某个阶段成长演化中的具体问题，且多从组织生态学视角出发展开研究，还没有学者对农民专业合作社整个生命周期的多要素合作进行系统研究，尤其是运用组织生态位理论，将组织生命周期与组织生态位有机结合起来，采用"变异—选择—保留"这一生态学经典演化范式来研究合作社成长演化问题。三是虽然理论界有部分学者已经对合作社成长演化问题给予了关注，取得了较丰硕的理论成果，但还缺乏对合作社内部成员多要素合作演化机理的系统研究，特别是将合作社要素合作的微观视角和组织生态学跨学科视角有机结合起来进行研究，尚属于"理论黑箱"。

正是因为存在上述三个方面的不足，因而很难从理论上对以下问题予以清晰而有力的回答：从合作社内部成员多要素合作的角度思考，基于动态视角来审视，决定农民专业合作社生态位分离的关键要素有哪些？促使农民专业合作社关键要素合作演化的变异机制是什么？农民专业合作社关键要素合作演化后如何获得生存与发展机会？上述研究的不足，是本书写作要重点解答的三大问题，即"是什么""为什么"及"如何演化"，同时这也为本书的研究提供了理论创新空间。

3 农民专业合作社成员多要素合作的理论基础及其演化模型

本章写作的主要目的在于构建本书研究的理论分析模型，为全文主体部分的写作奠定理论基础。首先，对本书涉及的核心概念予以界定；其次，对本书运用的主要基础理论进行梳理，并指出其对本书研究的价值所在；再次，根据理论基础对农民专业合作社生态进行理论分析；最后，构建本书的合作社成员多要素合作演化机理分析模型，并对机理分析模型进行具体解析。

3.1 核心概念

3.1.1 农民专业合作社

合作社在本质上是弱者联合的自治组织，只要存在市场谈判悬殊的任何领域，就必然会有对合作社服务产生需求的群体（唐宗焜，2012）。自世界上第一个成功的合作社——英国"罗虚代尔公平先锋社"诞生以来，人们对到底什么是合作社进行了孜孜以求地探索，对其的认知也越来越深入。在国际合作社联盟（ICA）成立 100 周年大会上通过的《关于合作社界定的声明》中，将合作社界定为"人们自愿联合、通过共同所有和民主管理的企业来满足他们共同的经济、社会需求的自治组织"。由于国际合作社联盟的权威性（全球最大的独立的非政府性国际组织），因此，这是迄今为止人们所普遍接受的概念。关于合作社的"质性"（有别于合伙制企业、股份制公司等其他组织的本质规定性）各界争议很多，但普遍认同以下五个核心原则：合作社成员须以农民为主体；以服务成员为宗旨，谋求全体社员的共同利益；入社自愿、退社自由；成员地位平等，实行民主管理；盈余按交易量返还。

2007年7月1日实施的《中华人民共和国农民专业合作社法》专门对农民专业合作社的内涵进行了界定，但这一定义因存在对合作社性质界定不明确、对合作社联合发展构成限制等问题而广受诟病（任大鹏，2016），特别是随着土地股份合作社、社区股份合作社、农机合作社、旅游合作社等创新形式的不断涌现，加之合作社纵向一体化及横向战略的联合发展，修改专业合作社法的呼声愈高。2017年12月27日新修订后的《农民专业合作社法》对农民专业合作社的内涵作了进一步完善，认为农民专业合作社是指在农村家庭承包经营基础上，农产品的生产经营者或者农业生产经营服务的提供者、利用者，自愿联合、民主管理的互助性经济组织。该定义取消了"同类"的规定，更加注重农民专业合作社成员来源的多样化和合作类型的多元化。基于此，本书借鉴新修订的《农民专业合作社法》中的提法，着重研究农民专业合作社成员多要素合作问题。这里要强调指出，基于现实惯例，本书未将合作社与农民专业合作社的称谓截然分开。

3.1.2　多要素合作

合作社成员的要素禀赋各异，彼此之间的合作涉及土地、劳动、资本、管理、信息、技术等多种要素，成员构成的多元化以及合作要素的多样化，使得异质性成员之间的合作更多的具有多要素合作的性质（黄胜忠，2014）。如果合作社成员之间的合作只限于某一种同质性生产要素的合作，就称之为单要素合作。这类合作社具有如下特征：合作社成员的来源高度一致，如蔬菜专业合作社的成员均是从事蔬菜种植的农户，虽然不同种植户之间的种植规模可能不同，但总体来看成员之间的同质化程度比较高；此类合作社的功能相对比较单一，往往只涉及农业产业链的某一环节，如农产品销售合作社仅仅涉及农产品的销售环节；合作方式相对较少，如土地股份合作社，农户将自己的承包土地以入股的方式加入合作社，以获取分红。但在现实中，合作社成员单要素合作是一种理想化状况，即使在非常接近成员单要素合作的合作社（如土地股份合作社）中，被选举出来成为合作社决策层和管理层的人员（如合作社理事长、监事长、社长、财会人员等）显然也存在管理或技术要素合作参与其中。换言之，农民专业合作社成员要素合作更多的是多要素合作乃至全要素合作。

本书将农民专业合作社成员之间的合作不局限于某一特定要素的合作，而是成员之间至少有两种及以上资源要素的合作的情况，称为农民专业合作社成员多要素合作。

一般而言，这类合作社具有以下特征：第一，无论是单个成员只有一种要素也好，还是单个成员有多种要素也好，成员之间具有明显的异质性，这种异质性除表现为不同成员所拥有的资源要素数量有多有少外，更多的外显为不同的成员具有不同类型的资源要素；第二，合作方式较多，劳动合作、土地入股、资本入股、技术入股、管理入股等多种形式，导致合作社的股权结构、惠顾结构、治理结构、盈余分配等发生较大改变；第三，此类型合作社的功能相对完善，如纵向一体化的合作社涉及产前、产中、产后全产业链条的合作，横向一体化的合作社则往往单体规模较大，经营范围具有跨区域特点，无论是纵向一体化还是横向一体化，都能充分发挥规模经济或范围经济带来的边际报酬递增功能。

3.1.3 演化机理

综合查阅《现代汉语词典》《词林》《新华字典》等现代汉语查询工具，关于"机理"一词主要有两种释义：一种是指"为实现某一特定功能，一定的系统结构中各要素的内在工作方式以及诸要素在一定环境下相互联系、相互作用的运行规则和原理"；另一种是指"事物变化的理由和道理，包括'系统形成要素'和'形成要素'之间关系两个方面"。本书将演化机理界定为组织形态和成长演化过程的内在原因及其变动规律。目前理论界对企业的演化机理研究比较多，研究企业的演化机理，一般必须回答三个问题：企业演化的影响因素（即"是什么"的问题）；企业演化的基础（即"为什么"的问题）；企业演化的过程（即"如何演化"的问题）（李钢，2006）。农民专业合作社是兼顾企业组织属性和合作组织属性的一类特殊企业。针对农民专业合作社，要从多要素合作的角度研究其演化机理，借鉴企业演化机理的内涵，本书要厘清三个问题：①影响合作社生态位演化的关键要素是什么？②促使关键要素合作演化的变异机制是什么？③合作社关键要素合作演化后如何获得生存与发展机会？

3.2 理论基础

3.2.1 组织生命周期理论

组织生命周期理论在系统理论与种群生态学理论的基础上将组织的成长视为如同生物体生命周期一样的模拟系统（朱兴涛、吴宗劲、李方乐，2016）。学术界广泛认同组织具有生命属性的观点（魏光兴，2005），认为生命周期的概念不只是适用于生命体，也适用于组织（Ichak Adizes，1989），可以将组织作为能动的有机体看待（陈佳贵，1995；朱晓武、闫妍，2010）。马克思对社会必要劳动时间的论述往往被认为是对组织"生死"问题最早的观察和论述（薛求知、徐忠伟，2005），即如果单个生产者生产某产品的个别劳动时间长期高于社会必要劳动时间，此产品的使用价值得不到社会承认，商品的价值也就无从实现，再生产活动就会被迫中止，面临被市场淘汰的命运。不过，"组织生命周期"这一概念最早是由美国学者马森·海尔瑞（Mason Haire）于1959年提出来的，哈佛大学教授拉里·葛瑞纳（Larry E. Greiner）于1972年在其代表作《组织成长的演变和变革》中进行了系统阐述，后来在葛瑞纳教授的基础上又有大批学者对该理论作了进一步完善。发展至今，该理论研究成果至少有20多种，其中美国学者伊查克·爱迪思（Ichak Adizes，1989）所提出的理论框架被普遍认为是最知名也是最系统的（肖海林，2005）。国内研究组织生命周期理论具有代表性的学者有很多，如陈佳贵、李业、周三多、韩福荣等。

目前，理论界主要从企业规模、组织结构、经营战略、管理风格、控制行为、产品或技术的生命周期、会计指标、顾客的忠诚度和满意度等不同的角度对企业的生命周期进行了具体划分，概括起来有三阶段论、四阶段论、五阶段论、多阶段论等观点（见表3-1）。例如，周三多、邹统钎（2002）从企业战略角度出发，认为专业化、多元化、归核化是企业成长的三个阶段。理查德·L.达夫特（1999）将企业成长划分为创业、集体化、规范化、精细化四个阶段，并从结构、产品或服务、奖励与控制系统、创新、企业目标、高层管理方式六个方面描述了企业每个阶段的特点。拉里·葛瑞纳（Larry E. Greiner）依据组织发展过程中的危机产生与化解，将组织生命周期阶段划分为创新、指导与控制、授权、协调、合作五个阶段，每个阶段都由一个革命性危机引发，且每出现一个革命性危机则意味着一个阶段的终结，同时组织也由此获得成长。赵曙明、刘洪依据组织的分权与集权模式，将企业成长划分为分权、整合、集权、分解、分权五个阶段，这五个阶段是一个循环往复的周期性变化过程。席酉民（1997）研究后认为我国民营企业的发展大都经历了"能人企业、示范效应（竞争）、孤军独进、规模膨胀、管理滞后、发展受阻"的阶段性过程。陈佳贵（1995）根据对企业成长的考察，将企业成长过程划分为孕育、求生存、高速发展、成熟、衰退和蜕变六个阶段，并认为欠发育型、正常发育型、超常发育型等各类型企业在各个成长阶段的特点有所不同。伊查克·爱迪思（Ichak Adizes）1989 年在《企业生命周期》一书中将企业生命周期划分为孕育期、婴儿期、学步期、青春期、盛年期、稳定期、贵族期、官僚前期、官僚期、死亡期共 10 个发展时期，具体阐释了这 10 个时期的行为特征，提出了预测、分析及诊断企业文化的工具。

表 3-1　企业生命周期理论代表性学者及其观点

阶段划分	代表性观点	代表性学者
三阶段论	依据经营战略，将企业成长划分为专业化、多元化、归核化三个阶段；将企业生命周期分为"成长阶段""再生与成熟阶段""老化阶段"；等等	萨摩（Summer）、李皮特（Lippitt）、当斯（Downs）、周三多等
四阶段论	依据结构、产品或服务等六个方面，将企业成长划分为创业、集体化、规范化、精细化四个阶段；把家族企业的成长阶段划分为初创期、成长期、成熟期、衰退和转化期五个时期；等等	理查德·L. 达夫特、奎因（Quinn）、替姆斯（Timmons）、马里波、张健敏等
五阶段论	依据组织发展过程中的危机产生与化解，将组织生命周期阶段划分为创新、指导与控制、授权、协调、合作五个阶段；依据组织的分权与集权模式，将企业成长划分为分权、整合、集权、分解、分权五个阶段；依据销售额，将企业发展划分为孕育、初生、成长、成熟、衰退五个阶段；等等	拉里·葛瑞纳（Larry E. Greiner）、加尔布雷斯（Galbraith）、路易斯（Lewis）、罗韦（Rowe）、席酉民、李业等

表3-1(续)

阶段划分	代表性观点	代表性学者
多阶段论	根据灵活性和可控性两个维度，将企业成长划分为2个阶段10个时期，即成长阶段和老化阶段，成长阶段又划分为孕育期、婴儿期、学步期、青春期、盛年期等时期，老化阶段划分为稳定期、贵族期、官僚前期、官僚期、死亡期等时期；依据企业规模化发展，将企业成长过程划分为孕育、求生存、高速发展、成熟、衰退、蜕变六个阶段；等等	弗莱赫特（Flamholt）、爱迪思（Adizes）、陈佳贵等

如同单一个体生命的历程，组织的成长也具有如出生、成长、衰老至死亡般的周期性特征（凤进、韦小柯，2003），作为农业生产经营领域的互助性经济组织，农民专业合作社也不例外。基于国内外众多学者（Cook & Burress，2009；赵国杰、郭春丽，2009；陈莎、陈灿，2013；张琛、孔祥智，2018）的研究观点，本书将农民专业合作社的一个完整的生命周期划分为创立时期、快速发展时期、步入成熟时期、分化时期四个阶段，并且认为在生命周期的不同阶段，合作社具有不同的发展特点，对外界资源要素的获取能力也存在较大的差异。根据生态位理论，处于不同生态位下的生物，获取食物来源的能力不同（获取食物能力越弱，越是处于食物链低端；获取食物能力越强，越能占据食物链高端），也就是说资源获取能力与生态位高低之间存在相关关系。因此，组织生命周期理论为本书中合作社生态位类型的划分提供了理论依据，也为探究不同类型的合作社生态位的特点提供了理论支撑。

3.2.2 生态位理论

生态位是生态学理论中的一个重要概念，最早是从英语"niche"一词翻译过来的，意为供奉神像的壁龛，后被生态学家所借鉴，隐喻为生境或位置。自提出以来，生态位概念先后经历了空间生态位（Grinnell，1917）、功能生态位（Elton，1927）、多维超体积生态位（Hutchinson，1957）等理论演变。20世纪80年代开始，有学者开始将生态位理论引入社会科学研究，先后提出了企业生态位、城市生态位（王如松，1998）、发展生态位（王黎明，1998）、技术生态位（张丽萍，2002）等重要概念。生态位理论的基本思想包括两个方面：一是该理论研究生物种群在生态系统中的空间位置、功能和作用；二是该理论反映了生态系统的客观存在，它是生态系统结构中的一种秩序和安排（钱辉、张大亮，2006）。自20世纪80年代以来，生态位已经成为社会科学领域一种重要的分析工具。

生态位理论主要由生态位重叠和分离、生态位扩充与压缩、生态位态势等构成。具体包括：①在生态学研究中，生态位重叠是指两个物种彼此之间的生态特性相似，特别是资源利用的相似，导致物种之间在时空、营养、天敌等方面占用同一资源位。根据生态位的重叠程度不同，生态位重叠可分为完全分离、部分重叠、基本重叠三种情况。作为与生态位重叠相对应的一个概念，生态位分离是指生态位重叠导致物种之间的竞争关系，根据竞争排斥原理（Gause，1934），竞争必然导致一种物种被淘汰或者两种物种的生态位分离，并且生态位分离的可能性更大，从而形成物种的多样性。②在生态学研究中，生态位扩充是指生物单元体能增加、占据的物理空间增大和适应能力增强，从而引致其生态位增加，这是生物圈演变的动力和生物发展的本质属性。与生态位扩充相对应的是，生态位压缩是指在资源一定的情况下，一种物种生态位的增加，导致原物种对生态位空间利用的压缩。③生态位态势则认为生态位取决于主体与环境的物质、能量、信息的交换状态以及主体自身的新陈代谢，任何生物单元均具有"态"与"势"的属性（朱春全，1997）。生态位态势可以用生态位宽度、生态位适宜度等指标来测量。

根据生态位的内涵，处于不同生命周期的组织从外界获取资源能力的强弱不同，培育有利于自己发展的生态位是组织不同发展时期和发展阶段的重要任务，彼此具有内在的结构性关联（刘志峰、李玉杰，2009）。一般而言，组织生命周期的初期，组织竞争力比较弱小，很容易在市场竞争中被淘汰出局，而随着组织生命周期的发展，组织自身抵抗外界竞争的能力在不断提升，这种能力的提升就引致了合作社生态位跃迁，组织生态位是一个动态演进的过程（钱辉、张大亮，2006；李勇、郑垂勇，2007）。同时在竞争排斥原理的作用下，合作社通过引入关键要素而实现生态位分离，使得其可利用的现实生态位增加。据此，生态位理论既为合作社生态位的划分提供了理论依据，也为农民专业合作社关键要素合作演化的变异机制分析提供了理论支撑。

3.2.3 组织生态学理论

生态学（ecology）的英文来源于希腊文（oikos logos），其意为"对

（生物）栖息地或住所的研究"，也即是研究有机体与其周围环境（包括生物环境与非生物环境）的相互关系（E. Haeckel，1869），后被帕克（Park）、伯吉斯（Burgess）等芝加哥学派（Chicago School）的学者将其基本原理和方法引入人类社会问题研究。汉南和弗里曼（Hannan & Freeman）于 1977 年公开发表的《组织种群生态学》一文普遍被看作是组织生态学的奠基之作。组织生态学（organizational ecology）是一门新兴的交叉学科（彭璧玉，2006），主要运用生物学、生态学及社会学、新制度经济学等相关学科的概念、模型、理论和方法来对组织结构及其所受环境影响进行研究的理论（梁磊，2004），其研究主题包括产业组织设立、产业组织演化和产业组织死亡，研究内容由组织设立理论、组织成长理论、组织死亡理论三部分构成（彭璧玉，2006）。其主要观点为：①组织设立理论。产业组织设立包括生态化过程和制度化过程两个方面。其中，组织设立的生态化过程（ecological pro-cess）重点分析组织生态位、组织种群密度、组织设立率三者之间的相互关系。组织设立的制度化过程重点研究合法性、社会支持等对成功设立组织的影响，其基本观点有：关系密度（relational density）与组织设立率之间存在倒 U 型关系；制度行动者的规制对组织设立具有直接的影响（Russo & Michael，1995）。组织设立的空间效应重点研究空间竞争、空间传染、空间密度依赖等问题。②组织成长理论。吉布莱特定律（Gibrat's law）是组织成长理论中的经典理论，后经麦克阿瑟（MacArthur，1962）不断完善，提出了 R-K 理论。其基本观点为：组织成长策略分为 R 成长策略与 K 成长策略，其中 R 成长策略是一种变态繁殖策略，K 成长策略是一种饱和策略。③组织死亡理论。该理论认为，当组织数量低于最小能生存种群水平时，现存的组织都将死亡。个体组织的死亡是组织种群的一种自我保护机制和进化机制，包括组织自疏（self-thinning）、ALLEE 效应、程序性组织死亡（programmmed organizational death，POD）等。组织自疏是指在高密度情况下，个体组织之间对资源的竞争激烈，在有限的资源中，个体的成长率降低，规模变小。ALLEE 效应是指不同的组织有不同的种群规模适合度，如果组织种群的规模比最低适合度低，不但不会带来好处，反而还可能导致组织种群走向灭绝。程序性组织死亡是指不利生存条件出现时，部分组织会以不影响其他组织生存的方式而死亡，从而减少了稀缺资源争夺，为其他组织的生存创造相对"充裕"的环境。

关于组织成长演化，组织生态学中有一个"变异—选择—保留"的经典分析范式。变异，在生物学中指的是同种生物世代之间或同代生物不同个体之间在形态结构、生理机能等方面所表征出的不同之处（郭炳荣，2007），在组织生态学中是指一个组织为适应外部环境变化产生新的形态或功能，或者产生一个新的组织形态；选择，是组织惯性在组织不同阶段所产生的影响；保留，是组织通过合法化机制最终获得生产和发展的机会；这三者构成了组织成长演变的基本逻辑。"变异—选择—保留"的分析范式，一方面为本书问题的提出提供了理论依据，另一方面也为本书的理论分析模型的构建和本书主体部分的谋篇布局提供了支撑。

3.2.4 合作经济理论

马克思主义合作思想将合作运动看作是为无产阶级夺取政权的工具和手段，并认为合作经济是无产阶级夺取政权后产品经济的重要组成部分（王礼力，2003）。西方合作经济理论流派分为改革派和进化派。改革派将合作视为对资本主义经济体系的改革，最终目的是改造资本主义，进而取而代之；而进化派则将合作视为资本主义经济体系的有机组成部分，认为合作是资本主义内部的进化发展（张晓山、苑鹏，1991）。属于改革派的有社会主义学派和合作联邦学派，社会主义学派认为社会主义是合作运动的最终目标，合作联邦学派认为合作应是社会中起支配作用的经济体制。属于进化派的有竞争尺度学派、萨皮罗学派、美国学派，竞争尺度学派主张将合作当作为对资本主义阴暗面进行抑制的一种手段；萨皮罗学派是西方合作社经济理论中唯一来自农业实践且用于指导农业实践的一种合作经济思想；美国学派认为合作是一体化与分化、独立与合并的中介，合作只是业务的联合，而不是人的联合。在当前的合作实践中，进化派为主流学派，即将合作组织看作是抑制资本主义制度弊端、维护社会稳定的重要工具。

从现代主流合作经济理论来看，合作经济组织的存在是为了弱势群体从节省交易费用的角度出发而选择的一种互助经济形式，其实质是通过成员的要素合作达到节省生产成本和交易成本的目的。虽然理论界对合作社的质性规定仍存在争议，但普遍将"成员控制"视为合作社的最重要的质性（徐旭初，2020）。合作经济理论对本书的贡献是，为合作社多要素合作的必要性提供了理论佐证。此外也有很多学者对合作社多要素合作的内涵进行了研究，从而为本书第四章指标的选取提供了依据。

3.3 农民专业合作社生态位理论分析

3.3.1 农民专业合作社生态位概念

之所以能运用生态位来分析研究合作社问题，是因为作为一种兼具合作共同体与企业双重属性的组织形式，农民专业合作社往往被看成是一个与外部生态环境及各生态因子不断进行物质交换、能量流动和信息传递的功能体（刘志峰、李玉杰，2009）。也就是说，农民专业合作社要想获得可持续的成长演进，必然内嵌于特定环境之中，并与其产生某种交互关系。在此过程中，逐渐占有生存和发展所需的资源条件，形成适应外部环境变化的生态特征，这些便构成了合作社生态位。换言之，合作社生态位是合作社与环境互动匹配（适应）后所处的客观状态。借鉴组织生态学中生态位的概念及其内涵，本书将农民专业合作社生态系统中合作社在空间和时间上能够利用的生存环境（包括土地、资金、劳动力、技术、信息、管理、政策等资源要素）、所处的环境条件以及与该区域其他资源要素竞争性主体（包括其他的农民专业合作社、农业产业化龙头企业、家庭农场、农业社会化组织等）的地位或功能关系总和，称为合作社生态位。同时本书将两个合作社因彼此之间的生态特性相似度，特别是资源利用的相似度，导致彼此之间在资源要素争夺方面占用同一资源位的现象，称为合作社生态位重叠，生态位重叠会导致合作社之间因争夺相同的资源要素而形成竞争关系。

相比生物学意义上的生命周期，组织的生命周期具有一定的特殊性：第一，同一物种的生命周期由其遗传基因决定，其往往具有一个正常的寿命，而一个组织的生命周期则不可预期，但可以通过创新举措对组织实施改造，实现组织蜕变，从而延续其生命周期，组织的生命周期从理论上讲具有无限性；第二，生物生命体具有明显的生命周期过程，是不可逆的，而组织的发展可能在某个时期出现停滞甚至可逆的状况；第三，稍微大一点的组织，其整体处于的生命周期阶段和组织内部部门处于的生命周期阶段存在不完全一致的可能性；第四，造成一个组织状况突变的原因有很多，如政府政策变化、技术退步、顾客需求变化等，只要这些原因发生了，就可能导致组织过早老化甚至灭亡。合作社生态学是研究合作社与其生存环境之间的相互作用和相互促进的演化关系的科学（见表3-2）。由于农民专业合作社与生物有机体有着本质的区别，合作社生态学与一般生态学也是有本质区别的。合作社是人类的社会组织，没有自然有机生命，只是仿生体，因此合作社生态学是具有仿生学意义的生态学。

表3-2　自然生态系统与农民专业合作社生态系统的比较

要素	自然生态系统	合作社生态系统
组成要素	无机环境和生物生产者、消费者、分解者等生物物种	合作社社员、关联合作社、龙头企业、所在地社区及各种环境（自然、经济、技术、社会等）
内部结构	物种间营养关系构成食物链网	合作社利益相关者构成生态链网
整体性	食物链网使自然界成为有机整体	各利益相关者组成动态联盟性质的统一体
竞合性	生物相互竞争、相互依存、共生共长	合作社与其他农业经营主体之间既有竞争冲突，又有合作共赢
开放性	对外界开放，吸收新物种加入	接纳和更换系统成员
丰富性	不同营养等级，不同功能的物种	各种新型农业经营主体、协会或联盟组织
关键种	强有力的物种维持系统的稳定	以核心合作社为中心将利益各方结合成为战略共同体
生命周期	成长→成熟→衰老→死亡或变异	初创→成长→成熟→分化

资料来源：顾力刚，方康. 企业生态学研究［J］. 科技进步与对策，2007（10）：119-123.

3.3.2　农民专业合作社生态位划分

目前，理论界有不少学者已对农民专业合作社生命周期阶段进行了划分。本书借鉴顾力刚和方康（2007）、库克和伯尔斯（Cook & Burress, 2009）、赵国杰和郭春丽（2009）、刘志峰和李玉杰（2009）、陈莎和陈灿（2013）等学者的研究，将农民专业合作社的一个完整的生命周期划分为创立时期、快速发展时期、步入成熟时期、分化时期四个阶段。同时根据刘志峰、李玉杰（2009）等学者的观点，类似企业这样的组织的生态位也遵循"初创期→成长期→成熟期→衰退期"的发展演化过程。也就是说，现有研究成果已经从理论的层面阐述了组织生命周期与组织生态位之间具有紧密的联系，组织生命周期的演替与组织生态位跃迁二者之间存在某种重合关系。从这个角度来理解，将组织生态位与组织生命周期结合起来理解其与外部环境之间的能动关系，具有天然的合理性。因此，本书将组织生命周期理论和生态位理论有机结合起来，提出农民专业合作社在不同生命周期阶段相对应的生态位类型划分，依次为合作社初创期生态位、合作社成长期生态位、合作社成熟期生态位、合作社分化期生态位四种（见图3-1）。也就是说，处于创立时期的合作社对应的生态位为合作社初创期生态位，处于快速发展时期的合作社对应的生态位为合作社成长期生态位，处于成熟时期的合作社对应的生态位为合作社成熟期生态位，处于衰退时期的合作社对应的生态位为合作社分化期生态位。同时随着合作社生命周期阶段的演进，合作社生态位也随之发生分离。

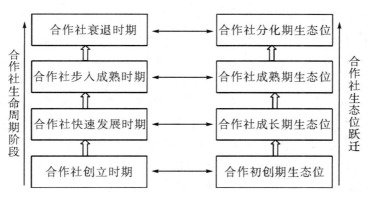

图 3-1　合作社生态位位阶划分

组织生态位本来之意是单一组织在整个组织群落中的位置或功能，而本书是将组织生命周期与生态位结合起来提出生态位的四种类型划分，如何理解这一问题呢？站在组织生命周期的角度理解生态位，可以将合作社中同处于初创期、成长期、成熟期、分化期的同类型合作社分别看作是一个个单独的生态群落，每一个单独的生态群落都由无数具有相同特质的合作社构成，同一合作社生态群落面临相同的外部资源市场，无数同类型合作社竞相争夺同一资源。这就意味着其中任何一家合作社都要面对来自同一生态群落中其他所有合作社的竞争，这与生态位本源之义是不矛盾的，只是将其面对的生态群落进行了高度抽象化、概念化。这样做的目的在于，通过概念的抽象化，实现理论创新从抽象化到具体化的逻辑演进。

3.3.3 农民专业合作社生态位内涵

3.3.3.1 合作社初创期生态位

从动态的角度分析，一般而言，随着合作社生态位的跃迁，合作社组织类型也随之发生演变。农民专业合作社成立之初，缺乏较为完善的功能机制，面临较强的竞争压力，极易受到环境中已有组织生态位（处于同一生态位下的其他农民专业合作社或其他新型农业经营主体群落）的排斥、威胁，被淘汰的风险较高，此时面临的首要问题是短时间内迅速积累充足的资金、先进的技术和丰富的人力，快速提高组织的生存能力。本书将此时期的农民专业合作社生态位称之为合作社初创期生态位。从理论探讨的角度出发分析，合作社初创期生态位的典型特征为：农民专业合作社成员的来源往往比较单一，更多是同质要素所有者（往往以劳动力、土地或少量的资本金入股合作社）的"弱者的联合"，彼此之间的要素禀赋比较类似，具有成员近似同质的特点；与此同时，此时期的合作社无论属于公司领办型、农村能人发起型、村集体带动型中的任何一种类型，无一例外都拥有一个社会资源相对丰裕的强势带头人，普通成员具有典型的智猪博弈的特征（张明林、付春，2006），其一般会选择跟随或服从带头人的策略，合作社成员之间的关系分布明显不均匀，又具有典型的异构性，即合作社的决策机制倾向于集权，运营机制倾向于少数人说了算。

3.3.3.2 合作社成长期生态位

随着农民专业合作社的逐步成长，组织生态位既要保持与组织生存所需的资源结构相适应，又要考虑组织发展依赖空间结构的合理化，此时组织生态位会表现出不适应其快速发展与外部环境急剧变化的特征。但是在合作社的组织化作用下，此时期的合作社由于给成员带来了明显的生产成本降低、销售收入增加等"合作增益"，合作社对成员的凝聚力和向心力在不断增强，为了实现更大的收益，此时往往会进一步修订合作社章程、完善合作社利益联结机制，成员之间很容易达成某种均衡状态，具有较典型的同构特征。处于此时期的农民专业合作社，为了解决合作社发展壮大的需要，开始吸收有更多资源要素的异质性成员加入合作社，从而出现横向一体化与纵向一体化的发展迹象，但总体上来讲成员特征与初创期比较类似，成员"同质"特征显著。本书将具有上述特点的合作社生态位类型称为合作社成长期生态位。

3.3.3.3 合作社成熟期生态位

随着合作社逐步进入成熟期，由于受到组织内外部要素的负向影响与作用，合作社生态位规模难以控制，高适合度空间难以营造，资源利用率难以提高，同时合作社处于竞争优势难以整体推进的时期。处于该生态位下的合作社对资本、信息等资源要素产生需求，在内部成员无法提供这些关键要素的情况下，只能通过资源要素市场予以解决，这时合作社成员必然就具有异质性特点，横向一体化与纵向一体化的发展是其典型的外化表现，发展规模进一步扩大，一体化服务水平、社区带动能力达到巅峰（张颖、王礼力、曹燕子，2015），股权集中度下降；而此时强势的资本、管理等现代要素进入合作社后，必然产生新的利益博弈，此时成员之间很难形成高度一致的互信与共识。本书将此时期的合作社生态位叫做合作社成熟期生态位。

3.3.3.4 合作社分化期生态位

进入分化时期，合作社生态位依次面临着资源维度、技术维度以及产品维度的衰退，此时组织生态位的竞争优势也逐渐边缘化。处于此时期的合作社，内部交易的边际成本开始上升，直至与市场交易成本持平，合作社的经济功能在丧失；内部管理危机的风险也在随之提高，合作社的替代功能、拓展功能（彭青秀，2016）也在丧失。此时期的合作社必须进行变革。本书将分化时期的合作社生态位叫做合作社分化期生态位。变革的结果有两种情况：①随着成员间持续博弈后形成新的纳什均衡，合作社将进入到一个新的更高生态位位阶的发展阶段；②随着合作社持续衰退下去，其内部交易成本慢慢超过市场交易成本，就此丧失了其存在的基础或必要性。

3.4 农民专业合作社成员多要素合作演化机理

3.4.1 机理分析模型构建

农民专业合作社先后经历初创期生态位、成长期生态位、成熟期生态位、分化期生态位四种合作社生态位分离。在每一生态位下，如果有该生态位所需的关键要素参与合作，经过"变异→选择→保留"的演化过程后，生态位就发生分离，合作社多要素合作进入更高阶生态位；反之，如果没有该生态位所需关键要素参与合作，合作社就会被市场淘汰，变成"僵尸社""空壳社"。各个生态位分离都贯穿了多要素合作的变异、选择和保留过程，这是一个不断演进、相互交替的过程，这也是本章所构建的农民专业合作社成员多要素合作演化机理所揭示的基本内涵（见图3-2）。

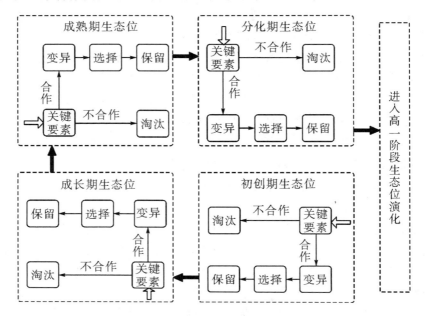

图3-2　农民专业合作社成员多要素合作演化模型

合作社成员多要素合作的变异过程，重点在于厘清初创期生态位、成长期生态位、成熟期生态位、分化期生态位四种合作社生态位下的关键要素是什么以及有何演变规律。根据企业生态学观点，在促进企业生态位发展形成以后，开始的环境因子会随着企业生态位的不断发展而逐渐式微，部分无效的因子不断被剔除掉，保留下来的便形成了企业生态位正常生长、健康发育所必需的影响因子体系（刘志峰、李玉杰，2009）。因此，从多要素合作的角度看，要分析农民专业合作社因资源要素获取能力的改变来满足自身对资源要素的需求并获得迅速成长，就要搞清楚哪些关键要素导致农民专业合作社实现生态位分离（变异），这是整个机理分析的逻辑起点。

合作社成员多要素合作的选择过程，重点在于探究促使初创期生态位、成长期生态位、成熟期生态位、分化期生态位四种合作社生态位下关键资源变动的深层次动力及其演化过程。不同生态位下影响农民专业合作社成员多要素合作的主导性影响因素不同，更高生态位所需的关键要素的引入，必然引致合作社生态位从低阶向高阶跃迁，这其中一定存在某种内在机制。从农民专业合作社成员多要素合作的角度讲，为避免各市场主体因生态利基重叠而带来对有限资源的激烈争夺，农民专业合作社在某种力量的作用下，必然因势利导，及时促使其脱离原来的生态位，实现生态位分离，以在更高阶的生态位上获得更大的发展增益。关键要素合作演化的选择机制是整个机理模型的中间传导机制。

合作社成员多要素合作的保留过程，重点在于剖析在初创期生态位、成长期生态位、成熟期生态位、分化期生态位四种合作社生态位下，关键要素变动引致合作社生态位分离后，多要素合作的合法化来源以及合法化过程是如何演变的。合法化的过程，意味着保留下某些基因后，农民专业合作社也同步发生组织演进。这是整个机理模型分析的最终落脚点。但进入到分化期生态位，合作社成员多要素合作的合法化机制面临两种可能的情况：①合作社成员关键要素合作的合法化机制失灵，导致合作社的生存和发展受到严重威胁，直至被市场淘汰；②合作社成员关键要素合作的合法化机制发挥巨大作用，促使合作社发展进入到一个全新的合作社组织生态位演化过程（见图3-3）。例如，现实中部分发展较好的单体合作社通过引入现代要素，不断延伸产业链条，发展成为类似美国"新一代合作社"那样的具有较强市场竞争力的市场主体，或成长为合作社联合社。

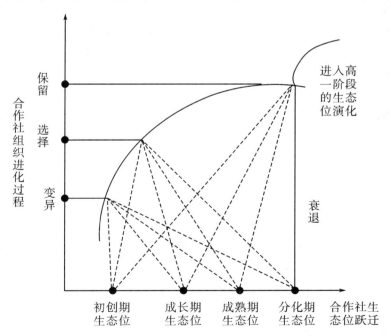

图 3-3　合作社分化期生态位的两种可能情况

3.4.2 对机理分析模型的解析

3.4.2.1 合作社生态位变异机理解析

在生物学研究领域，物种进化的本质是一个"变异—选择—保留"的循环过程，包括不止一次的反复"试错"的过程（Campbell，1969）。将生态学理论引入到组织研究，组织生态学认为任何组织的进化也由变异、选择、保留三个过程组成。其中，变异（variation）是组织演进的逻辑起点，是演化的第一阶段。组织的经营惯例（routines）、技能能力（competencies）以及组织的形态结构发生变化，导致组织发生生态"变异"。从微观视角透视，组织其实就是由各类要素组合而成的集合体，要素的多寡和优劣直接决定了组织的技能能力，要素数量越多、质量越优，对应的组织技能能力就越强；反之，要素数量越少、质量越差，对应的组织技能能力就越弱。从这个角度理解，本书将关键要素变动看作是农民专业合作社变异的根本原因。因而合作社成员多要素合作变异过程，实质上表现为因关键要素的引入而导致的初创期生态位、成长期生态位、成熟期生态位、分化期生态位四种合作社生态位不断跃迁的过程（见图 3-1）。生存空间的扩展、优势资源的利用、组织模式的创新是合作社变异的三大因素（张琛、孔祥智，2018），其中优势资源的利用具体表现为实现规模化收益、实现节本增效及增强组织影响力。

生物演化的基本原理是物竞天择，同理，环境变迁对组织演化起决定性作用，组织所处的环境发生变动导致变异的产生。基于要素合作的视角，农民专业合作社成员多要素合作所处的环境就是资源要素市场。我国当前正在推进要素市场化配置改革，关键是要建立健全便利化的要素交易市场。要素交易市场的不断完善，一方面，可以打通要素交易的各种体制机制障碍，促使农民专业合作社相对容易获得其成长所需的各类资源要素；另一方面，也可以显著降低农民专业合作社使用各类要素的成本（包括市场交易成本）。根据"企业的竞争优势正来源于组织内部拥有和控制的资源和能力"（Wernerfelt，1984；Barney，1991）的学术观点，意味着农民专业合作社在众多农业经营主体中能够占据有利的生态位，说明其在发展过程的不同阶段中拥有关键要素，从而不断推动农民专业合作社生态位分离以及组织结构的不断演化。需要特别指明的是，为了便于研究，本书均不将政府政策、社区嵌套、新型农业经营体系等纳入考虑范畴。尽管有大量研究表明，政府政策是影响我国合作社发展的关键因素，合作社数量的涨落跟政府政策的导向高度重合（详见本书第一章图1-1），但是出于研究主题聚焦的需要，本书均将其看作是不变量，这就好比计量分析中将某些量假定为控制变量是一个道理。

3.4.2.2 合作社生态位选择机理解析

选择（selection）是组织演化的第二个阶段。组织经过竞争性选择（competitive selection），一些变异后符合特定环境条件的组织被选择出来。有些组织变异比其他组织更能适应外部环境，或更被社会认可，因此能占有自己的领地或是找到生存的缝隙，从环境中获得生存需要的资源（Campell，1969）。根据组织生态学观点，在组织生态系统中，一个种群要存在和发展，就必须占有适宜的生态利基（ecological niche）。生态利基是指组织同其他物种及环境之间形成的相对关系和系统功能，其核心是为获取生存和发展要求的资源而具备的生存机会与竞争能力。当不同组织对资源的需求、能力及服务的目标市场重叠时，就会出现生态利基重叠（niche overlap）从而引发竞争。现实中，农民专业合作社生存需要的资源为土地、资金、劳动力、信息、管理等各类资源要素，要想占有、巩固和扩张农民专业合作社的生态利基，就必须发现和开拓新的资源要素来源。随着新的关键要素参与合作，进而也会导致合作社内部关键要素投入者之间产生激烈的竞争关系。这一现象可以用演化博弈论来分析。

演化博弈论是演化思想和博弈论相结合的产物，主要探讨纳什均衡的进化机制，旨在找到一种以有限理性为基础的、现实性较强的纳什均衡理论。"演化经济学"（evolutionary economics）概念由凡勃伦在1898年的经典论文《经济学为什么不是演化科学？》中首先提出，现代演化经济学理论以1982年纳尔逊和温特合著的《经济变迁中的演化理论》的出版为正式形成的标志。现代演化经济学理论流派的兴起被认为是20世纪末国际学术界的重大事件之一（Geoffrey Hodgson，2005），成为当今国外经济学界最热门、最前沿的研究领域（吴宇晖、宋冬林、罗昌瀚，2004），主要由变异—选择理论、以非线性系统动力学为基础的演化理论和演化博弈论构成。其中，变异—选择理论由纳尔逊、温特借用达尔文生物进化论而共同提出的，正如同生物界的"物竞天择、适者生存"现象，市场中企业的生产与发展也是一个"自然选择"的过程——在激烈竞争中，盈利企业不断获得增长扩大，亏损企业不断走向收缩衰弱，企业要在竞争中不被淘汰出局，就必须将创新作为根本动力。处于开放系统中的农民专业合作社，可被看作是一个耗散结构，需要不断从外部获取关键要素，以维持组织生命的延续。在此过程中，一定空间范围内合作社彼此之间、合作社与其他组织之间面临着激烈的相互竞争，为了在竞争中立于不败之地，就必须不断通过新奇创生获得竞争的优势地位。但同时组织惯性又对新奇创生形成了反噬效应。已有大量研究证明，组织惯性的不断增强，对组织在自身发展初期增强其生存能力和竞争力（Barney，1991；刘海建等，2009）具有正向作用，但大量惯例行为的形成又使得组织内部的沉没成本不断增加，进而导致组织转变经营方式的难度不断加大（Levinthal & Myatt，1994；Huang et al.，2013），阻碍其深层次发展。从组织生态位视角审视，本书将低阶生态位下关键要素投入者对高阶生态位下关键要素的引入所形成的阻碍看作是组织惯性。

3.4.2.3 合作社生态位保留机理解析

保留（retention）是组织演化的第三个阶段（Campell，1969）。这些保留下来的组织形成共生关系，组成新的种群和群落生态组织（Aldrich，1999；Lewinetal，2003）。此阶段的目标在于实现"合法化"（legitimacy）。根据组织生态学的观点，组织的某些基因被固定下来，形成组织体的"内在功能"与"外在表征"。对农民专业合作社而言，保留就是诱致变异的关键要素固定下来后，使得组织具有某些典型的特征。从组织"质"和"构"的视角看，这些特征既可以是不同要素所有者的内部成员的某些特质，也可以是促使多要素组合起来以发挥最大作用的某些特质（席酉民、郭士伊，2008）。这两类特质的结合就使得组织呈现出不同的组织结构，进而给合作社运行绩效带来某种影响。一般而言，经过演化的前面两阶段（变异、选择）之后，如果农民专业合作社成功变异并有效选择，从而验证了其内在竞争力和生命力，那么它是否最后保留下来，关键在于其能否取得合法化的资格。从组织制度学派来看，新组织的形成实质是一个合法化的过程（Zimmerman & Zeitz，2002）。

关于组织合法化类型，奥尔德里奇和菲奥尔（Aldrich & Fiol，1994）将合法化分为社会政治合法性（social political legitimacy）和认知合法性（cognitive legitimacy）两类，萨奇曼（Suchman，1995）提出了务实（pragmatic）、道德（normative）和认知（cognitive）3 种合法性，斯科特（Scott，1995）提出了认知（cognitive）、管制（regulative）和规范（normative）3 种合法性约束等，其中最具代表性的观点是 Scott 的合法性观点（侯杰、陆强、石涌江，2011）。在 Scott 的观点中，管制合法性来自由政府、认证协会、专业团体，以及主导的组织创建的法规、规章、标准和期望；规范合法性来自社会的标准和价值观，或者同企业相关的社会环境，如盈利能力、员工的公平待遇等（Zimmerman & Zeitz，2002）；认知合法性来自广泛持有的信念和理所当然的日常行为惯例，以及由不同的专业和科学机构提供的更专业化的、明确的、成文的知识和信仰体系（Scott & Meyer，1994；Zimmerman & Zeitz，2002）。

3.5 本章小结

本章首先对农民专业合作社、多要素合作、演化机理等本书涉及的关键概念予以界定，从而确定了本书所研究对象的边界，即：借鉴新修订的《农民专业合作社法》中的提法，以农民专业合作社成员多要素合作为研究对象（不研究其他类型的农民专业合作社，也不研究合作社的单要素合作问题），系统研究农民专业合作社成员多要素合作演化的"是什么""为什么""如何演化"三个问题；其次，系统梳理了为本书提供理论支撑的基础理论，包括组织生命周期理论、组织生态位、合作经济理论，从而为后文理论分析模型奠定基础；再次，对农民专业合作社成员多要素合作演化进行了机理分析，包括厘清合作社生态位内涵（合作社生态位是合作社与环境互动匹配后所处的客观状态），将农民专业合作社在不同生命周期阶段相对应的生态位类型划分为合作社初创期生态位、合作社成长期生态位、合作社成熟期生态位、合作社分化期生态位四种，并对各合作社生态位的内涵进行了概述；最后，基于上述分析，借鉴"变异—选择—保留"的经典范式，构建了农民专业合作社成员多要素合作演化模型，包括初创期生态位、成长期生态位、成熟期生态位、分化期生态位四种合作社生态位分离，以及变异过程、选择过程、保留过程三个演化过程，并重点对合作社成员多要素合作演化的变异过程、选择过程、保留过程进行了机理剖析，从而为本书第四章至第七章的分析提供了分析范式和理论支撑。

4 农民专业合作社生态位划分：基于四川样本合作社的实证

在上一章从理论分析的角度将合作社生态位划分为初创期生态位、成长期生态位、成熟期生态位、分化期生态位四类后，本章运用实证分析方法，将被调查的 287 家农民专业合作社进行聚类分析，即看在被调查的样本合作社中，有多少家合作社处于初创期生态位？有多少家合作社处于成长期生态位？有多少家合作社处于成熟期生态位？有多少家合作社处于分化期生态位？分别占比多少？具体分析过程为：首先，从被调查合作社的经营领域、注册资本、种植规模、固定资产总额、理事会人数、监事会人数、专职管理人员数、近三年平均总产值、近三年平均总成本等多个方面，对数据来源进行详细说明。其次，运用主成分分析法，对样本合作社进行生态位聚类分析，之所以采用主成分分析法，是因为该分析方法对样本量的要求不高，且只需用到一年的数据，与本书所用到的问卷调查数据情况比较契合。再次，利用列联表分析不同生态位下合作社各要素合作是否存在显著差异。最后，得到本章研究结论，为下一章"农民专业合作社生态位识别：多要素合作的决定机制"奠定基础。

4.1 农民专业合作社生态位测度

4.1.1 生态位测度的理论分析

将生态位理论及其方法应用于组织研究，特别是企业的生态位测度，是理论界的一个新的学术动向。根据组织生态位理论，组织的生态位可以用一些具体的表征指标来予以测度，包括生态位维度、生态位宽度、生态位重叠度、生态位优势度等。①生态位维度是指影响组织发生作用的因子数量，可分为一维生态位和多维生态位，一般组织的生态位往往都是多维的，且在每个维度上，都有多个企业就不同资源形成占有关系，测度其占有关系的就是生态位宽度和重叠度。②生态位宽度是衡量物种利用资源的状况，如果生态位宽度越宽，说明对资源的利用越充分，对环境的适应能力越强，越能在严酷的生境中生存。测度企业生态位的公式有 Levins 公式、Hurlbert 公式、Shannon–Winener 公式等。其中 Levins 公式计算简单、意义明确、使用较多，但忽视了企业对生态位因子的适应能力及其对生态位所产生的影响；Hurlbert 公式考虑了不同资源对企业的作用程度不同，但参数意义不明确。总体来看，Levins 公式是对生态位宽度测度的最常用的方法。③生态位重叠度是指当两个物种利用同一资源时，种群间就会产生生态位重叠现象。根据高斯竞争排斥原理，生态位重叠度越高，种群间竞争就越激烈；反之，重叠度越低，种群间就越能相互适应，越能平和地协调风险资源。对组织生态位重叠度常用的参数测度方法有对称 α 法、不对称 α 法、曲线平均法。其中，对称 α 法便于客观比较不同组织集群的生态位重叠情况，实用性很强；不对称 α 法能较好反映出组织因生态位重叠而带来的竞争压力问题；曲线平均法则具有简单易行、几何意义明确的优点。④生态位优势度表明物种对资源的使用效率，其计算公式为：优势度 =（相对高度+相对盖度+相对生物量）/3，取值范围在 0~1 之间，当重要值大于 0.5 时，则确定其为优势种群。

国内理论界对组织生态位指标的评价主要集中在对企业生态位评价的指标体系建立、评价方法选择和模型构建方面，其具体思路是：首先，引入生态位理论；其次，建立生态位评价指标体系；再次，构建生态位评价模型；最后，对企业生态位进行识别。例如，李昆等（2009）运用生态位理论对典型企业群落的企业生态位进行测度，采用五种生态关联度方法测算了典型企业群落的生态和产业关联度，采用因素关联方法对关键种企业的存在和作用前提进行了分析；王兴元（2006）借助生态位理论建立了品牌生态位宽度、生态位重叠度的计算公式，构建了品牌生态位适合度的函数法、模糊评价法、适合度复合系数法以及基于同类标杆案例品牌生态位适合度评价模型；黄建棠（2014）以生态位理论为依据，建立了品牌生态位宽度和重叠度测度的指标体系，并选择我国部分休闲服装品牌进行了实证研究；等等。

4.1.2 指标设计及其内涵

目前理论界主要用生态位理论对企业生态位进行测度，鲜有学者专门对农民专业合作社生态位提出一套指标体系，并运用调研数据对其进行生态位位阶的测度，这就为本书对合作社生态位测度带来了不小的难度。不过在现有的理论研究中，也有部分学者运用计量方法对合作社生命周期阶段进行了实证分析。例如，伊查克·爱迪思（1989）根据企业的实施职能、行政管理职能、企业家创新职能、整合职能、财务职能在企业中所扮演的角色对企业的生命周期变动进行了归类，张颖（2015）在借鉴爱迪思理论的基础上，从盈利能力、服务能力、偿债能力、社区带动能力、股权集中度、盈余分配机制六个方面建立评价指标体系，进而综合判断农民专业合作社的生命周期演变。这少量的研究文献，至少为本书带来了两点启示：一是虽然目前还未有学者对合作社生态位进行实证分析，但已有的研究成果说明运用实证方法对合作社生态位予以测度是现实可行的；二是虽然合作社生态位测度尚未有专门的指标体系，但已有的研究成果表明，可以借鉴对企业生态位测度指标体系来构建农民专业合作社生态位测度指标体系。在现有研究的基础上，借鉴对企业生态位测度指标体系，本章尝试用要素来源方式、要素成本比例、要素合作满意度、重大问题决策方式、面临的风险程度、政策支持力度等指标来反映在合作社不同发展阶段所表现出来的多要素合作差异，借此来判断农民专业合作社生态位宽度和重叠度，进而判断其所处的生态位位阶。

4.1.2.1 要素来源方式

要素来源方式是衡量合作社生态位位阶的主要指标之一。从多要素合作的角度，本书认为要素包括土地要素、资本要素、劳动要素、技术要素、信息要素和管理要素。具体的赋值情况为：如果合作社获得土地的最主要方式为入股，则认为该合作社内部存在土地要素合作；如果合作社资金的主要来源为自有资金，则认为存在资金要素合作；如果合作社劳动力的主要来源是合作社社员，则认为存在劳动力要素合作；如果合作社生产经营所需技术的主要来源是自有技术，则认为存在技术要素合作；如果合作社拥有自己独立的品牌，则认为存在信息要素合作；如果合作社没有聘请职业经理人，则认为存在管理要素合作。将合作社内部存在要素合作的情况赋值为1，再进行加总，用以测量被调查合作社的要素来源方式。由于本书默认合作社至少具有一项内部合作，所以这是一组取值为1~6的整数，其值越大，说明要素来源方式越广，要素合作情况越多。

一般而言，在合作社发展初期，处于较低的生态位，合作社要素来源相对单一，随着合作社不断发展壮大，竞争力不断增强，内部要素合作情况越多，获取资源要素的渠道也随之扩大。但随着合作社发展到一定程度，可能合作社更倾向于外部要素合作，而内部要素合作情况则趋于减少。如合作社发展初期，主要以成员入股方式募集资金，只不过在现实中可能少数核心成员入股相对较多，普通成员入股高度同质化且单个成员占比较少。随着合作社生态位不断跃迁，合作社被评为各级示范社，就会获得不同级别和金额不等的政府补贴或奖励，同时银行等正规金融机构也愿意给合作社发放贷款。相比低阶生态位，显然高阶生态位下合作社的资金要素来源更加多样化。也就是说，随着合作社生态位分离，内部要素合作呈现先增加再减少的趋势。

4.1.2.2 要素成本比例

由于测算合作社内部要素合作的成本非常困难，本书直接采用各要素占总成本的比例来代替。要素价值理论认为土地、资本和劳动是三种最重要的生产要素，加之技术、信息和管理要素的成本较难衡量，本书将要素成本比例界定为每年用于土地流转的成本支出占合作社总成本的比例、用于贷款的利息支出占合作社成本的比例和用于雇佣劳动力的支出占合作社总成本的比例的总和，其数值为小于1的百分数。

一般来说，合作社生态位位阶越低，获取要素的难度就越大，所需要付出的要素成本就越高，但到了分化期，由于合作社发展产生新的问题，可能带来绩效降低，成本增加，所以要素成本比例呈现先增长后降低又增长的态势。以资金要素为例，合作社发展初期，除了成员入股等内源性融资外，因为生态位位阶低（市场竞争力较弱），加之缺乏有效的抵押物，基于风险考虑，银行贷款等外源性融资难度很大。在这种情况下，为解决资金需求，合作社可能不得不向非正规金融渠道获取资金（如民间高利贷），这样就被迫支付更高的利息成本；但随着合作社发展到成熟期，合作社具有了较强的市场竞争力，且拥有一定的抵押物，在此情况下就相对容易获取银行等正规金融机构的外源性资金来源，相应的利息支出成本降低。但是到了发展后期，合作社管理等可能出现问题，成本持续走高，也迫使合作社产生分化。

4.1.2.3 要素合作满意度

本书从合作社内部土地、资金、劳动、技术、信息和管理六要素合作情况来探讨多要素合作，对于要素合作满意度由被调查合作社理事长（社长）的直接评分加总而成。在问卷中采用李克特量表的五级评分法，从不满意到满意分为 5 个档次，分别计为 1~5 分，因此该指标是一个 6~30 分之间取值的整数。

要素合作满意度可以从主观评价的角度对合作社生态位位阶进行判断。一般而言，合作社的生态位位阶越低，获取资源要素的渠道越单一，要素交易成本越高，合作社要素合作满意度就越低。也就是说，对要素合作满意程度越高，表明合作社生态位位阶越高。

4.1.2.4 重大问题决策方式

本书对重大问题决策方式根据决策广度来评分，如果召开全体社员（或代表）大会做重大决策评 3 分，由核心成员共同决策重大问题评 2 分，重大决策由董事长一人说了算评 1 分。

黄胜忠、徐旭初、邵科（2008）等学者已有学术成果表明，在合作社发展初期，核心成员往往拥有非常大的决策权，甚至董事长一人拥有全部的决策权，很少召开或几乎不召开全体成员大会。在此过程中，基于理性选择，普通成员一般也倾向选择"智猪博弈"中的"跟随策略"。但是到了合作社发展的后期，即分化期，可能对于重大问题的决策趋于集权。也就是说，合作社的决策方式倾向于"初期集权，到了中期则分权，而到后期又集权"的变化趋势，也显示出合作社发展由盛到衰的过程。

4.1.2.5 面临的风险程度

对于合作社面临的风险程度，本书采用李克特量表的五级评分法，从被调查理事长回答合作社无风险到面临的风险很大分为 5 个档次，分别计为 1~5 分，得分越大则面临的风险程度越高。

合作社作为一类独立的市场主体，其发展面临诸多风险，如自然风险、市场风险等。合作社发展初期，其抗风险能力相对较弱，经营稍有不善，很容易被市场淘汰，变成"空壳合作社"或"僵尸合作社"。随着合作社不断发展壮大，市场竞争力不断提高，抗击风险能力也随之提高。合作社面临的风险与抗风险能力是两回事，总的来说随着合作社的发展，必然面临更复杂严峻的风险形势。因此，凭借合作社面临风险程度的高低，基本可以判断出合作社的生态位位阶。也就是说，如果合作社面临的综合风险越高，表明合作社生态位位阶越低；反之，如果合作社面临的综合风险越低，表明合作社生态位位阶越高。

4.1.2.6 政策支持力度

本书采用被调查理事长对目前惠农政策的满意程度来指代政策支持力

度。采用李克特量表的五级评分法，不满意到满意分为 5 个档次，分别计为 1~5 分，得分越大则政策支持力度越高。

政策是影响合作社发展的重要因素，有不少专家（黄祖辉，2016）甚至认为政策是影响合作社发展的最关键变量。当前针对合作社的优惠政策主要是各级示范社评选，被评为不同等级的示范社享受到的补贴额度和其他优惠政策幅度不一样。一般而言，在合作社发展初期，合作社很难达到示范社评选的基本要求，所能获得的优惠政策相对较少甚至为无；而随着合作社不断发展壮大，其相应地慢慢达到了各级示范社评选要求，也就能获得越来越大、越来越多的各类支持。也就是说，如果合作社获得的政策支持力度越小，表明生态位位阶越低；反之，如果合作社获得的政策支持力度越大，表明生态位位阶越高。

根据上面的分析，本书得到合作社不同生态位下的典型表现（见表 4-1）。具体而言，当要素来源方式、要素合作满意度、政策支持力度表现为弱，且要素交易成本、重大问题决策方式、面临的风险程度同时表现为强，就说明合作社可能处于初创期生态位；当要素交易成本、面临的风险程度表现为弱，且要素来源方式、要素合作满意度、重大问题决策方式表现为强，就说明合作社可能处于成长期生态位；当要素交易成本、重大问题决策方式、面临的风险程度表现为弱，且要素来源方式、要素合作满意度、政策支持力度表现为强，就说明合作社可能处于成熟期生态位；当上述特征表现都不够明显，就说明合作社可能处于分化期生态位。

表 4-1　合作社不同生态位下的典型特征

典型特征 生态位位阶	初创期 生态位	成长期 生态位	成熟期 生态位	分化期 生态位
要素来源方式	↑	↑	↓	↓
要素成本比例	↑	↑	↓	↑
要素合作满意度	↑	↑	↑	↓
重大问题决策方式	↓	↑	↑	↓
面临的风险程度	↑	↑	↑	↑
政策支持力度	↓	↑	↑	↑

注：↑表示强或变强；↓表示弱或变弱。本表由前文分析整理所得。

4.2　调查设计与数据说明

4.2.1　调查设计

4.2.1.1　问卷设计

本问卷由受访者基本情况和合作社要素合作现状调查构成，主要目的是想了解四川农民专业合作社要素合作的现状、存在的问题以及对合作社成员多要素合作的建议。在设计问卷的过程中，主要借鉴了林坚（2007）、王曙光（2008）、李少华和樊荣（2012）、黄胜忠（2013）、魏晨（2015）等学者的观点，将农民专业合作社成员多要素合作的类型分为土地、资金、劳动力、技术、信息、管理六大要素，针对这六大要素分别设计若干问题，涉及要素来源途径、要素利用现状、要素合作满意度、要素合作中存在的问题等方面。为了保证问卷设计质量，2018年6月，笔者先后在成都市双流区、邛崃市、金堂县等地随机选取多家农民专业合作社进行了预调查，回收问卷26份。根据预调查中反馈出的问题，通过进一步查阅文献、咨询专家意见等方式，对问卷进行了完善，形成了最终问卷。

4.2.1.2　调研区域的选择

为从宏观层面了解全省农民专业合作社发展总体情况，2018年1月笔者到四川省农业农村厅（时为四川省农业厅）农村合作经济指导处进行了调研，调研对象为农村合作经济指导处处长、副处长等3人，调研方式为现场访谈。根据访谈结果，采纳四川省农业农村厅农村经济合作指导处专家意见，根据农业产业化发展水平、农民专业合作社培育水平、合作社扶持政策配套等情况综合权衡，在成都平原经济区、川南经济区、川东北经济区、攀西经济区、川西北生态示范区五大经济区中各选取2~5个县（市、区）作为调研重点区域。同时也考虑到本书是以四川农民专业合作社为例展开实证研究，那么样本就必须具有足够的代表性，从上述五大经济区中选择拟重点调研的县（市、区），与四川省委提出的构建"一干多支、五区协同"发展新格局高度契合，能客观地反映出全省农民专业合作社成员多要素合作的总体情况。此外，还考虑到川西北生态示范区的生态功能定位，当地农民专业合作社发展总体情况与川内其他区域有一定差距，特别是在发展数量上相比较少，因而只从该区域中抽取了汶川县和康定市两个发展条件相对较好的县（市）作为调研区域。

4.2.1.3 调查对象的确定

根据前一阶段确定的重点调研区域，逐一走访被选取的县（市、区）所在地的农业农村局。调研时间分三个阶段进行：第一阶段集中在 2018 年 7~8 月期间，重点走访了川东北经济区下属的 4 个县（市、区）和攀西经济区下属的 4 个县（市、区）；第二阶段主要集中在 2019 年 1~2 月期间，重点走访了成都经济区下属的 5 个县（市、区）和川南经济区下属的 5 个县（市、区）；第三个阶段主要集中在 2019 年 7 月，重点调研了川西北生态示范区下属的 2 个县（市、区）。具体实施过程是：考虑到实践中存在大量的"空壳社""僵尸社""冒牌社"等情况，为提高调研工作效率，获取更加真实有效的数据，本书采取先与县（市、区）农业农村局接洽，由农业农村局下属的农村合作股等职能部科室提供当地的农民专业合作社名录，然后根据职能部门里熟悉情况的同志给出的意见，将合作社名录中未实际运营的"空壳社""挂牌社"剔除掉，再在剔除掉问题合作社的名录中，采用直接随机抽样方法，按照 20% 的比例从中随机抽取若干家农民专业合作社作为调研对象；调研对象确定后，还要从网上搜集所选合作社的相关信息，提前掌握被调查合作社的基本情况。

4.2.1.4 具体调研过程

调查方法采取问卷调查与现场访谈相结合的方式。此阶段调研时间、人员安排、调研过程等与调研对象确定阶段基本相同，也是分为 2018 年 7~8 月期间、2019 年 1~2 月期间、2019 年 7 月三个阶段来展开的。调研阶段的团队大多时候由 3 人组成，除笔者外，另外 2 人均为在校本科学生，整个调研方案设计、与调研单位联络、具体调研安排、与调研对象访谈均由笔者完成，学生主要负责访谈录音、拍照、做会议记录及后期的数据整理等工作。具体过程为：与合作社理事长（社长）、理事、监事等管理人员进行访谈，由合作社理事长（社长）或理事填写问卷，并请合作社工作人员现场核实部分指标（如合作社经营土地的面积、近三年年均总产值、近三年年均总成本等）所填写数据的准确性。之所以选择合作社理事长（社长）、理事等管理人员作为问卷调查对象，是因为考虑到问卷所涉及的多要素合作问题，基本为合作社决策者所考虑的问题，只有实际参与合作社决策的个体才能对问卷中的问题给予准确回答，而一般的合作社成员对合作社的宏观情况很难做全面了解，如果让其填写问卷的话，很可能难以完成问卷填写工作，或者即使能完成问卷填写，其所填信息也存疑。为确保所填数据或信息的真实性和有效性，按照"三角资料"检定法（Patton，1987）的基本原则，问卷调查人员还就被调查合作社基本情况与合作社普通社员、当地村委会干部等至少2名合作社内部或外部的利益相关者进行访谈，从另一个层面了解合作社内部成员多要素合作的实际情况，以进一步核实所填问卷信息的真实性和可靠性。

4.2.1.5 样本分布

本书计量部分用到的是主成分分析及泊松模型分析，因而将问卷填写完整率达90%界定为有效问卷，填写完整率低于90%为无效问卷，据此将回收的问卷中填写完整率明显低于该标准的9份问卷视为无效问卷剔除掉。同时根据现场工作人员、合作社普通社员、当地村委会干部的多方核实，将存在明显的填写错误或所填信息存在明显失真的4份问卷也剔除掉，这样在调研了300个农民专业合作社后，共回收有效问卷287份，有效回收率为95.67%。其中，成都平原经济区回收有效问卷81份，占比28.22%；川南经济区回收有效问卷84份，占比29.27%；川东北经济区回收有效问卷52份，占比18.12%；攀西经济区回收有效问卷50份，占比17.42%；川西北生态示范区回收有效问卷20份，占比6.97%（见表4-2）。

表4-2　有效问卷分布情况一览

所属经济区	所调研的县（市、区）	样本合作社数量/家	有效问卷数/份	有效问卷在所属调研区域占比/%
成都平原经济区（81份）	都江堰市	16	15	18.52
	蒲江县	20	18	22.22
	江油市	18	18	22.22
	芦山县	17	17	20.99
	中江县	14	13	16.05
川南经济区（84份）	长宁县	19	18	21.43
	翠屏区	18	17	20.24
	威远县	21	20	23.81
	安岳县	19	18	21.43
	荣县	12	11	13.09

表4-2(续)

所属经济区	所调研的县(市、区)	样本合作社数量/家	有效问卷数/份	有效问卷在所属调研区域占比/%
川东北经济区(52份)	巴州区	19	18	34.62
	恩阳区	13	12	23.08
	朝天区	12	12	23.08
	苍溪县	12	10	19.23
攀西经济区(50份)	米易县	10	10	20.00
	盐边县	17	16	32.00
	仁和区	14	14	28.00
	德昌县	10	10	20.00
川西北生态示范区(20份)	汶川县	10	10	50.00
	康定市	11	10	50.00
合计		300	287	

4.2.2 数据说明

在被调查的287家农民专业合作社中,蔬菜类专业合作社82家,占比28.57%;水果类专业合作社120家,占比41.81%;其他种植业合作社85家,占比29.62%。根据问卷统计结果(见表4-3),从注册资金来看,蔬菜类专业合作社平均为374.66万元,水果类专业合作社平均为321.4万元,其他种植业合作社为314.07万元;从种植规模来看,蔬菜类专业合作社平均为754.57亩(1亩≈666.7平方米,下同),水果类专业合作社平均为769.74亩,其他种植业合作社为685.97万元;从固定雇佣人数来看,蔬菜类专业合作社平均为25人,水果类专业合作社平均为29人,其他种植业合作社为8人;从固定资产总额来看,蔬菜类专业合作社平均为233.6万元,水果类专业合作社平均为375.11万元,其他种植业合作社为223.74万元;从理事会人数来看,蔬菜类专业合作社平均为5人,水果类专业合作社平均为4人,其他种植业合作社为3人;从监事会人数来看,蔬菜类专业合作社平均为4人,水果类专业合作社平均为4人,其他种植业合作社为3人;从专职管理人员来看,蔬菜类专业合作社平均为6人,水果类专业合作社平均为6人，其他种植业合作社为4人；从近三年平均总产值来看，蔬菜类专业合作社平均为346.44万元，水果类专业合作社平均为395.61万元，其他种植业合作社为121.18万元；从近三年平均总成本来看，蔬菜类专业合作社平均为304.25万元，水果类专业合作社平均为317.91万元，其他种植业合作社为117万元。上述统计结果与全省农民专业合作社统计数据基本吻合，调研样本具有较强的代表性，适合用于计量分析。

表4-3 被调查合作社主要发展指标

类别	蔬菜专业合作社	水果专业合作社	其他种植业合作社
注册资金/万元	374.66	321.4	314.07
种植规模/亩	754.57	769.74	685.97
固定雇佣人数/人	25	29	8
固定资产总额/万元	233.6	375.11	223.74
理事会人数/人	5	4	3
监事会人数/人	4	4	3
专职管理人员数/人	6	6	4
近三年平均总产值/万元	346.44	395.61	121.18
近三年平均总成本/万元	304.25	317.91	117

4.3 农民专业合作社生态位实证分析

4.3.1 主成分分析

本书采用SPSS 26对287份样本数据进行主成分分析，原始数据经过KMO及Bartleet's检验后发现，KMO值大于0.5，Bartleet's球形检验小于0.01显著性水平，适合因子分析。对数据进行主成分分析后，得出各个主成分的贡献率和累计贡献率。

从表4-4可以看出，累计贡献率达到82.956%，提取特征值大于1的主成分，得到四个主成分Z_1，Z_2，Z_3，Z_4。X_i标准化后的变量（$i=1$，2，3，…）仍记为X_i，则有：

$$Z_1 = 0.375X_1 + 0.274X_2 + 0.395X_3 + 0.378X_4 - 0.010X_5 + 0.051X_6$$
$$Z_2 = -0.148X_1 - 0.359X_2 + 0.323X_3 + 0.010X_4 + 0.467X_5 + 0.536X_6$$
$$Z_3 = 0.187X_1 + 0.046X_2 + 0.077X_3 - 0.196X_4 + 0.746X_5 - 0.612X_6$$
$$Z_4 = -0.468X_1 + 0.932X_2 + 0.121X_3 - 0.370X_4 + 0.176X_5 + 0.276X_6$$

在主成分 Z_1 中，X_5 面临的风险程度为负，但数值较小，不足以反映主成分 Z_1 的特征，而 X_1、X_2、X_3、X_4 和 X_6 都为正，说明此生态位下要素来源方式增加，即合作社内部多要素合作情况提升，土地、资本、劳动三要素所占成本比例增长，重大问题决策方式更为民主，政策支持力度增加。根据前面对农民专业合作社各生态位下多要素合作特征的分析，可以判断主成分 Z_1 是合作社的成长期生态位阶段。

在主成分 Z_2 中，X_1 和 X_2 为负，说明合作社内部多要素合作情况减少，土地、资本、劳动三要素所占成本比例下降；X_3、X_4、X_5 和 X_6 都为正，要素合作满意度增加、重大问题决策方式更为民主，面临的风险程度增加、政策支持力度更大。根据前面对农民专业合作社各生态位下多要素合作特征的分析，可以判断主成分 Z_2 是合作社的成熟期生态位阶段。

在主成分 Z_3 中，X_4 和 X_6 为负，说明重大问题决策方式更为集权，政策支持力度降低；X_1、X_2、X_3、X_5 为正，则合作社内部多要素合作情况提升，土地、资本、劳动三要素所占成本比例增加，要素合作满意度提升，面临的风险程度加大。根据前面对农民专业合作社各生态位下多要素合作特征的分析，可以判断主成分 Z_3 是合作社的初创期生态位阶段。

在主成分 Z_4 中，X_1 和 X_4 为负，说明合作社内部多要素合作情况减少，重大问题决策方式更为集权；X_2、X_3、X_5、X_6 为正，意味着土地、资本、劳动三要素所占成本比例增加，要素合作满意度增长，合作社面临的风险程度加大，政策支持力度增强。根据前面对农民专业合作社各生态位下多要素合作特征的分析，可以判断主成分 Z_4 是合作社的分化期生态位阶段。

表 4-4　主成分贡献率及累计贡献率

主成分	1	2	3	4	5	6
相关矩阵特征值	2.763	1.877	1.410	1.061	0.887	0.573
贡献率	32.234	21.896	16.453	12.373	10.354	6.691
累计贡献率	32.234	54.130	70.583	82.956	93.309	100.000

资料来源：通过 SPSS 26 计算所得。

4.3.2 分析结果

根据上述主成分分析，将最后得分按照由高到低进行排序，比较农民专业合作社四个主成分的得分，哪项得分最高就说明该合作社与对应的生态位位阶相符合，从而对样本合作社的生态位进行分类。分析结果为：在287家样本合作社中，68家合作社处于初创期生态位，占比23.69%；66家合作社处于成长期生态位，占比23.00%；91家合作社处于成熟期生态位，占比31.71%；62家合作社处于分化期生态位，占比21.60%。

4.4 各生态位下农民专业合作社内部要素合作情况

本书将农民专业合作社涉及的各类生产要素分为土地要素、资金要素、劳动力要素、技术要素、信息要素、管理要素和政策要素，由于政策要素是外部要素，与合作社内部合作无关，所以合作社内部多要素合作仅指前六种要素合作。在将被调查合作社进行生态位聚类后，本书进一步分析各生态位各合作社内部各要素合作情况。

4.4.1 各要素合作来源情况

4.4.1.1 土地要素

本书将获得土地的最主要方式分为租赁、转包、入股、互换、拍卖、土地信托和反租倒包，其中入股是指合作社成员以土地入股方式进行合作，本书将其界定为内部土地要素合作。由于被调查合作社中仅有5家合作社通过互换、1家通过拍卖、5家通过土地信托、1家通过反租倒包方式获得土地，因此本书将通过租赁、转包和入股的273家合作社的生态位类型与获得土地的主要方式进行列联表分析（见表4-5），以探析各生态位类型的合作社在获得土地的方式上是否存在差异。

表 4-5　生态位类型与获得土地的最主要方式的交叉关联分析

生态位类型		获得土地的主要方式			总计
		租赁	转包	入股	
初创期生态位	计数/家	40	3	22	65
	占生态位类型的百分比/%	61.5	4.6	33.9	100.0
成长期生态位	计数/家	30	6	28	64
	占生态位类型的百分比/%	46.8	9.4	43.8	100.0
成熟期生态位	计数/家	39	15	30	84
	占生态位类型的百分比/%	46.4	17.9	35.7	100.0
分化期生态位	计数/家	37	10	13	60
	占生态位类型的百分比/%	61.6	16.7	21.7	100.0
总计	计数/家	146	34	93	273
	占生态位类型的百分比/%	53.5	12.4	34.1	100.0

通过列联表分析可知，Pearson 卡方值为 13.900，相伴概率为 0.031，表明在 5% 的显著性水平上，生态位类型与获得土地的主要方式存在统计学差异。大约 1/3 的合作社存在土地合作，其中 33.8% 的初创期合作社、43.8% 的成长期合作社、35.7% 的成熟期合作社和 21.7% 的分化期合作社通过入股获得土地。也就是说，内部存在土地要素合作的合作社比例从初创期到成长期呈增长态势，但在成熟期和分化期则持续下降。

4.4.1.2　资金要素

资金是合作社发展的重要要素，本书将资金要素的来源主要分为合作社成员的自有资金、银行贷款、政府项目资金、外部投入资金和民间借贷资金，其中自有资金体现了合作社的内部要素合作。

通过列联表分析可知，Pearson 卡方值为 12.094，相伴概率为 0.438，说明生态位类型与资金主要来源不存在统计学差异。但是从表 4-6 可知，自有资金是合作社重要的资金来源，超过半数的合作社的资金主要源自此。且越是生态位初级阶段，自有资金越重要。在初创期生态位时期，72.1% 的合作社主要资金来源于自有资金，此后虽占比有所下降，但仍然远远高于其他类型。

表 4-6　生态位类型与资金主要来源的交叉关联分析

生态位类型		资金主要来源					总计
		自有资金	银行贷款	政府项目资金	外部投入资金	民间借贷资金	
初创期生态位	计数/家	49	8	3	1	7	68
	占生态位类型的百分比/%	72.0	11.8	4.4	1.5	10.3	100.0
成长期生态位	计数/家	36	14	7	2	7	66
	占生态位类型的百分比/%	54.5	21.2	10.6	3.1	10.6	100.0
成熟期生态位	计数/家	51	16	10	5	9	91
	占生态位类型的百分比/%	56.0	17.6	11.0	5.5	9.9	100.0
分化期生态位	计数/家	30	16	5	4	7	62
	占生态位类型的百分比/%	48.4	25.7	8.1	6.5	11.3	100.0
总计	计数/家	166	54	25	12	30	287
	占生态位类型的百分比/%	57.8	18.8	8.7	4.2	10.5	100.0

4.4.1.3　劳动力要素

本书将劳动力主要来源于合作社成员视作存在劳动力要素合作，此外劳动力还来源于本地剩余劳动力、劳动力市场和其他。

通过列联表分析，由于超过 20% 的期望计数小于 5，所以不适用于 Pearson 卡方检验，而是要看费希尔精确检验。此处费希尔精确检验值为 13.880，相伴概率为 0.105，说明生态位类型与劳动力主要来源不存在统计学差异。从表 4-7 可见，各生态位类型下本地剩余劳动力都是合作社最主要的劳动力来源。而合作社内部的劳动力要素合作情况较少，且主要存在于初创期和成长期生态位。

表 4-7　生态位类型与劳动力主要来源的交叉关联分析

生态位类型		劳动力主要来源				总计
		合作社成员	本地剩余劳动力	劳动力市场	其他	
初创期生态位	计数/家	9	53	4	2	68
	占生态位类型的百分比/%	13.3	77.9	5.9	2.9	100.0
成长期生态位	计数/家	12	48	3	3	66
	占生态位类型的百分比/%	18.2	72.7	4.5	4.5	100.0
成熟期生态位	计数/家	4	76	4	7	91
	占生态位类型的百分比/%	4.4	83.5	4.4	7.7	100.0
分化期生态位	计数/家	2	54	3	3	62
	占生态位类型的百分比/%	3.2	87.1	4.8	4.8	100.0
总计	计数/家	27	231	14	15	287
	占生态位类型的百分比/%	9.4	80.5	4.9	5.2	100.0

4.4.1.4　技术要素

本书将合作社技术的主要来源归结为自有技术、政府提供、公司提供和科研院所提供，如果合作社技术源于自有技术，则认为该合作社存在内部的技术要素合作。

通过列联表分析，Pearson 卡方值为 12.100，相伴概率为 0.208，说明生态位类型与技术的主要来源不存在统计学差异。但是从表 4-8 可知，自有技术占合作社技术主要来源的 57.1%，是合作社第一大技术来源，其次才是政府和科研院所提供技术。尤其是在合作社的初创期和成长期，其来源比例更是超过 60%。因此，合作社内部技术要素合作对为合作社打下技术基础具有重要作用。

表 4-8　生态位类型与技术的主要来源的交叉关联分析

生态位类型		技术的主要来源				总计
		自有技术	政府提供	公司提供	科研院所提供	
初创期生态位	计数/家	47	8	3	10	68
	占生态位类型的百分比/%	69.1	11.8	4.4	14.7	100.0
成长期生态位	计数/家	42	9	6	9	66
	占生态位类型的百分比/%	63.7	13.6	9.1	13.6	100.0
成熟期生态位	计数/家	44	23	8	16	91
	占生态位类型的百分比/%	48.4	25.3	8.7	17.6	100.0
分化期生态位	计数/家	31	13	8	10	62
	占生态位类型的百分比/%	50.0	21.0	12.9	16.1	100.0
总计	计数/家	164	53	25	45	287
	占生态位类型的百分比/%	57.1	18.5	8.7	15.7	100.0

4.4.1.5　信息要素

对于信息要素合作情况，本书采用问卷直接询问，如果一个合作社的成员之间能够广泛分享市场信息，就存在合作社内部的信息要素合作。

通过列联表分析，Pearson 卡方值为 9.621，相伴概率为 0.022，说明生态位类型与合作社成员是否分享市场信息存在统计学差异，即合作社生态位类型影响其内部信息要素合作。从表 4-9 可知，合作社初创期信息要素合作情况较少，到了成长期则快速发展，而到了成熟期与分化期则又有所回落，其原因可能是在合作社初创期各成员的信息交流还没有进入正轨，经过成长期的信息要素合作高潮后，由于合作社内部可能分化出利益小团体，在成熟期与分化期合作社成员之间广泛分享市场信息的情况有所下降，影响到合作社的信息要素合作。

表4-9　生态位类型与是否分享市场信息的交叉关联分析

生态位类型		合作社成员是否能够广泛分享市场信息		总计
		是	否	
初创期生态位	计数/家	40	28	68
	占生态位类型的百分比/%	58.8	41.2	100.0
成长期生态位	计数/家	54	12	66
	占生态位类型的百分比/%	81.8	18.2	100.0
成熟期生态位	计数/家	62	29	91
	占生态位类型的百分比/%	68.1	31.9	100.0
分化期生态位	计数/家	38	24	62
	占生态位类型的百分比/%	61.3	38.7	100.0
总计	计数/家	194	93	287
	占生态位类型的百分比/%	67.6	32.4	100.0

4.4.1.6　管理要素

管理合作是合作社普遍存在的一个现象，但近年来越来越多的合作社将管理工作交给职业经理人，本书将聘请职业经理人的情况界定为不存在内部管理要素合作。

通过列联表分析，Pearson卡方值为9.862，相伴概率为0.362，说明生态位类型与合作社日常运营管理工作不存在统计学差异。从表4-10可知，合作社的管理由核心成员共同负责的情况最为普遍，约占被调查合作社的2/3，其次是由理事长兼任，而聘请职业经理人的情况则较少。但是值得注意的是，在分化期生态位时期，聘请职业经理人的合作社比例上升较多，说明在该时期合作社内部管理要素合作情况有所削弱。

表 4-10   生态位类型与合作社日常运营管理工作的交叉关联分析

生态位类型		合作社日常运营管理工作				
		由理事长兼任	由核心成员共同负责	聘请职业经理人	其他	总计
初创期生态位	计数/家	21	43	3	1	68
	占生态位类型的百分比/%	30.9	63.2	4.4	1.5	100.0
成长期生态位	计数/家	19	44	3	0	66
	占生态位类型的百分比/%	28.8	66.7	4.5	0.0	100.0
成熟期生态位	计数/家	21	62	6	2	91
	占生态位类型的百分比/%	23.1	68.1	6.6	2.2	100.0
分化期生态位	计数/家	14	37	9	2	62
	占生态位类型的百分比/%	22.6	59.7	14.5	3.2	100.0
总计	计数/家	75	186	21	5	287
	占生态位类型的百分比/%	26.1	64.9	7.3	1.7	100.0

4.4.2 各要素合作满意度情况

为进一步分析各生态位时期合作社内部各要素合作的情况，本书对生态位类型与各要素合作满意度进行列联表分析。

以土地要素合作为例，通过列联表分析，皮尔逊卡方值为 55.506，相伴概率为 0.000，表明在 1% 的显著性水平上，生态位类型对土地要素合作满意度产生显著影响。换句话说，就是生态位类型与土地要素合作满意度存在统计学差异。从表 4-11 可知，对土地要素合作非常满意和比较满意的合作社比例在成长期和成熟期持续增长，而到分化期则降低。与此相对应，对土地要素合作不太满意和不满意的合作社比例在成长期和成熟期持续降低后，到分化期则有所增长。说明对土地要素合作满意度经历了成长期和成熟期的增长阶段后，到分化期则满意度降低。

表 4-11　生态位类型与土地要素合作满意度的交叉关联分析

生态位类型		土地要素合作满意度					总计
		非常满意	比较满意	一般	不太满意	不满意	
初创期生态位	计数/家	6	10	16	25	11	68
	占生态位类型的百分比/%	8.8	14.7	23.5	36.8	16.2	100.0
成长期生态位	计数/家	9	11	27	17	2	66
	占生态位类型的百分比/%	13.6	16.7	40.9	25.8	3.0	100.0
成熟期生态位	计数/家	22	27	37	3	2	91
	占生态位类型的百分比/%	24.2	29.7	40.6	3.3	2.2	100.0
分化期生态位	计数/家	4	15	20	18	5	62
	占生态位类型的百分比/%	6.4	24.2	32.3	29.0	8.1	100.0
总计	计数/家	41	63	100	63	20	287
	占生态位类型的百分比/%	14.3	22.0	34.7	22.0	7.0	100.0

　　本章还进一步做了生态位类型与合作社内部资金要素合作满意度、劳动力要素合作满意度、技术要素合作满意度、信息要素合作满意度和管理要素合作满意度的列联表分析。其结果和生态位类型与土地要素合作满意度非常类似，都存在显著性差异，且从初创期较低的满意度到成长期和成熟期满意度提升，而到了分化期则满意度下降。说明合作社随着生命周期发展出现规律性，对于公共服务满意度和惠农政策满意度亦有如上规律。

4.4.3　各要素成本情况

　　本章进一步探讨了各生态位时期合作社各要素成本的变化规律。以土地流转成本为例，本章对生态位类型与土地流转成本占总成本比例进行了列联表分析，其结果为表 4-12 所示。皮尔逊卡方值为 78.893，相伴概率为 0.000，表明在 1% 的显著性水平上，生态位类型与土地流转成本占总成本比例存在显著的统计学差异。从表 4-12 可以大致得出结论，在生态位类型跃迁的过程中，土地要素成本占总成本比例呈现在成长期和成熟期降低而在分化期提升的结果。而对于资金、劳动力、技术和信息等要素成本，本章也得出大致如上的结果，说明在分化期生态位下，各类要素成本呈上升趋势。

表 4-12　生态位类型与土地流转成本占总成本比例交叉关联分析

生态位类型		土地流转成本占总成本比例						总计
		10%以下	10%~20%	21%~30%	31%~40%	41%~50%	50%以上	
初创期生态位	计数/家	19	26	10	6	4	3	68
	占生态位类型的百分比/%	27.9	38.3	14.7	8.8	5.9	4.4	100.0
成长期生态位	计数/家	11	31	12	6	2	4	66
	占生态位类型的百分比/%	16.6	47.0	18.2	9.1	3.0	6.1	100.0
成熟期生态位	计数/家	33	46	6	6	0	0	91
	占生态位类型的百分比/%	36.3	50.5	6.6	6.6	0.0	0.0	100.0
分化期生态位	计数/家	3	12	12	16	9	10	62
	占生态位类型的百分比/%	4.8	19.4	19.4	25.8	14.5	16.1	100.0
总计	计数/家	66	115	40	34	15	17	287
	占生态位类型的百分比/%	23.1	40.1	13.9	11.8	5.2	5.9	100.0

4.5　本章小结

本章借鉴理论界现有研究成果，运用列联表法，选取要素来源方式、要素交易成本、要素合作满意度、重大问题决策方式、面临的风险程度、政策支持力度等指标，运用问卷调查得到的第一手数据，客观描述了在合作社发展的不同发展阶段所表现出来的差异性，以此来判断合作社所处的生态位位阶。通过主成分分析，最后发现样本合作社中处于初创期生态位的有 68 家，处于成长期生态位的有 66 家，处于成熟期生态位的有 91 家，处于分化期生态位的有 62 家。且随着生态位的分离，各生态位下各要素合作满意度呈现在成长期和成熟期提高而在分化期降低的规律，而各要素成本情况在各生态位下的变动情况亦与之类似。

5 农民专业合作社生态位识别：多要素合作的决定机制

本章主要针对组织成长演化范式要解答的第一个问题"是什么"展开论述，具体回答"决定农民专业合作社生态位分离的关键要素有哪些?"。首先，运用 Wilcoxon 符号秩检验法，从动态的角度探究不同生态位下影响农民专业合作社成员多要素合作的关键要素；其次，运用泊松模型进一步深入分析年龄、学历等指标对合作社内部多要素合作之间的影响；最后得到本章研究结论。本章论述的基本逻辑是，农民专业合作社要在激烈的市场竞争中，提升其生存和发展的几率，就必须占据优势生态位；要想占据优势生态位，就必须实现生态位分离，即从较低阶生态位分离到较高阶生态位；而要实现生态位分离，又必须获取实现达到更高阶生态位所需的关键要素。简言之，农民专业合作社要占据优势生态位，就必须获取关键要素，适时促使其跃迁至更高阶生态位。这部分的研究可为本书的第 6 章探究农民专业合作社成员多要素合作演化的变异机制奠定理论基础。本章数据来源于前期问卷调查所获得的第一手数据。

5.1 农民专业合作社内部要素合作与使用情况

5.1.1 土地要素合作与使用情况

土地是农业生产中最重要的生产资料。本书将采用入股获得土地的行为界定为合作社内部土地要素合作。在被调查的样本合作社中，33.45%的合作社存在土地要素合作行为，绝大多数土地流转签订了书面协议，流转土地年均成本约为 800 元。

本章对生态位类型与土地流转合同方式进行了列联表分析，其结果如表 5-1 所示。41.7%的期望计数小于 5，费希尔精确检验值为 23.344，相伴概率为 0.000，表明在 1%的显著性水平上，生态位类型与土地流转合作方式存在显著的统计学差异。随着合作社生态位分离，无具体协议的情况减少乃至消失，签署书面协议的情况也随之增加。此外，合作社土地流转年限、土地流转费支付方式、经营土地存在问题、使用土地需要得到的帮助等情况随着生态位分离却没有发生显著变化。被调查合作社获得土地的流转年限多数集中在 10~20 年这个区间，分年度以现金支付土地流转费是最为重要的支付方式，目前主要存在基础设施不完善、土地相对分散不集中、流转成本越来越高等经营土地的问题，合作社理事长希望在土地流转方面得到的帮助依次为降低流转成本、扩大经营面积、延长流转年限和简化流转手续。

表 5-1　生态位类型与土地流转合同方式交叉关联分析

生态位类型		土地流转合同方式			总计
		口头协议	书面协议	无具体协议	
初创期生态位	计数/家	10	51	7	68
	占生态位类型的百分比/%	14.7	75.0	10.3	100.0
成长期生态位	计数/家	3	62	1	66
	占生态位类型的百分比/%	4.5	94.0	1.5	100.0
成熟期生态位	计数/家	9	82	0	91
	占生态位类型的百分比/%	9.9	90.1	0.0	100.0
分化期生态位	计数/家	1	61	0	62
	占生态位类型的百分比/%	1.6	98.4	0.0	100.0
总计	计数/家	23	256	8	287
	占生态位类型的百分比/%	8.0	89.2	2.8	100.0

5.1.2 资金要素合作与使用情况

农业生产初始投资大、风险高、生产周期长，资金是维持农业生产必不可少的要素。本书将资金主要来源于自有资金的情况界定为合作社内部存在资金要素合作，对于银行贷款等界定为外部资金要素合作。

本章对合作社生态位类型和贷款的主要类型做了列联表分析，其结果如表5-2所示，皮尔逊卡方值为78.893，相伴概率为0.000，表明在1%的显著性水平上，生态位类型与贷款的主要类型存在显著的统计学差异。随着合作社生态位的跃迁，获得长期贷款的比例增加，获得中短期贷款的比例相对持平，无贷款的比例减少，说明合作社的发展越来越离不开贷款资金支持。

表5-2　生态位类型与贷款的主要类型交叉关联分析

生态位类型		贷款的主要类型				总计
		短期贷款	中期贷款	长期贷款	无贷款	
初创期生态位	计数/家	17	9	3	39	68
	占生态位类型的百分比/%	25.0	13.2	4.4	57.4	100.0
成长期生态位	计数/家	23	16	5	22	66
	占生态位类型的百分比/%	34.8	24.2	7.6	33.4	100.0
成熟期生态位	计数/家	33	17	9	32	91
	占生态位类型的百分比/%	36.3	18.7	9.8	35.2	100.0
分化期生态位	计数/家	22	10	11	19	62
	占生态位类型的百分比/%	35.5	16.1	17.7	30.7	100.0
总计	计数/家	95	52	28	112	287
	占生态位类型的百分比/%	33.1	18.1	9.8	39.0	100.0

合作社各生态位类型与资金筹措方面的问题、希望得到的信贷帮助、解决资金不足的最好途径等不存在显著的统计学差异。从问卷调查的情况看，合作社贷款以短期贷款和中期贷款为主。合作社对获资方式的满意程

度不高，超过半数的合作社认为资金筹措的主要问题在于贷款手续繁杂和缺乏有效抵押物，且超过 2/3 的合作社希望在信贷方面得到的帮助是由政府提供担保和简化贷款办理手续。值得注意的是，尽管被调查合作社资金主要来源为政府项目资金的比例不到 10%，但是近一半合作社认为获得资金的最好途径是政府项目资金，说明合作社对政府项目资金有较大的渴求。

5.1.3 劳动力要素合作与使用情况

本章对雇佣劳动力的年龄情况、地域情况和劳动力存在的问题、青壮年劳动力不足的原因和合作社所处的生态位情况做了交叉列联表分析，其结果都不显著，就是说上述变量在不同生态位下不存在统计学差异。具体来说，由于被调查合作社使用劳动力的方式均为雇佣方式，根据市场行情来支付工资。80%被调查合作社雇佣劳动力主要来源于本地剩余劳动力，雇佣劳动力以老年劳动力为主，仅有少部分外乡（镇）劳动力，雇佣劳动力日平均工资约 100 元。虽然近 80%的合作社劳动力支出成本占总支出比例控制在 40%以下，但有一半的合作社对雇佣的劳动力不太满意，他们最为抱怨的是雇佣成本越来越高，青壮年劳动力严重不足，并指出青壮年劳动力不足最突出的原因是农村工资待遇低。这也从侧面说明了当前农民专业合作社的经济实力不强，不能支付较高的工资吸引优质劳动力，这也严重影响了合作社的进一步发展。

本章对合作社生态位类型与雇佣劳动力的基本情况做了列联表分析，其结果如表 5-3 所示，皮尔逊卡方值为 11.048，相伴概率为 0.011，表明在 5%的显著性水平上，生态位类型与雇佣劳动力的性别存在显著的统计学差异。也就是说，初创期合作社雇佣劳动力的性别比例差不多，随着生态位的跃迁，男性劳动力所占比例升高，但是到了分化期这个趋势又掉转而下。这可能跟合作社初创期与分化期生态位下在经济上存在问题相关，不太能够支付男性劳动力的工资，退而求其次较多地雇佣了女性劳动力。

表 5-3　生态位类型与雇佣劳动力的基本情况交叉关联分析

生态位类型		雇佣劳动力的基本情况		总计
		以男性劳动力为主	以女性劳动力为主	
初创期生态位	计数/家	32	36	68
	占生态位类型的百分比/%	47.1	52.9	100.0
成长期生态位	计数/家	40	26	66
	占生态位类型的百分比/%	60.6	39.4	100.0
成熟期生态位	计数/家	66	25	91
	占生态位类型的百分比/%	72.5	27.5	100.0
分化期生态位	计数/家	35	27	62
	占生态位类型的百分比/%	56.5	43.5	100.0
总计	计数/家	173	114	287
	占生态位类型的百分比/%	60.3	39.7	100.0

5.1.4　技术要素合作与使用情况

针对技术要素的合作不仅来自合作社内部，还来自合作社外部。本书将合作社生产经营所需技术的主要来源为自有技术、公司提供和科研院所提供界定为技术要素合作。政府提供技术则属于一种公共服务，不在技术要素合作之列。超过半数的被调查合作社的技术主要来源于自有技术，说明合作社内部技术要素合作比较普遍。另外，据调查，对合作社进行技术指导的技术人员来自技术公司、高校、科研机构。被调查合作社三类技术人员来源大体相当，而来自政府部门的技术人员对合作社的指导略多一点。

本章对合作社生态位类型与技术人员来源单位做了列联表分析，其结果如表 5-4 所示，皮尔逊卡方值为 19.256，相伴概率为 0.023，表明在 5% 的显著性水平上，生态位类型与技术人员来源单位存在显著的统计学差异。可以看到随着合作社生态位的跃迁，技术人员来自政府部门的比例大致呈增长态势，来自技术公司的比例则先增长却在分化期生态位阶段又大幅下降，来自高校和科研机构的则较为持平。值得注意的是，无技术人员的比例则先下降，在分化期又大幅上涨。

表 5-4　生态位类型与技术人员来源单位交叉关联分析

生态位类型		技术人员来源单位				总计
		技术公司	高校、科研机构	政府部门	无技术人员	
初创期生态位	计数/家	14	18	16	20	68
	占生态位类型的百分比/%	20.6	26.5	23.5	29.4	100.0
成长期生态位	计数/家	13	18	23	12	66
	占生态位类型的百分比/%	19.7	27.3	34.8	18.2	100.0
成熟期生态位	计数/家	26	22	36	7	91
	占生态位类型的百分比/%	28.6	24.2	39.6	7.6	100.0
分化期生态位	计数/家	8	15	23	16	62
	占生态位类型的百分比/%	12.9	24.2	37.1	25.8	100.0
总计	计数/家	61	73	98	55	287
	占生态位类型的百分比/%	21.3	25.4	34.1	19.2	100.0

　　对于有技术人员的合作社，技术合作的主要方式是聘用技术人员，其次是实行技术入股和购买相关技术。被调查合作社的技术支出占总成本比重不太高，近80%的合作社技术支出成本占比在20%以下。合作社对技术要素的满意程度一般，希望获得的技术指导的比例依次为市场营销、生产技术、电子商务、管理技术、运输储藏，还有合作社表示需要在土壤改良、农业规划等方面获得技术指导。值得肯定的是，合作社理事长参加培训的意愿都很高，最喜欢的培训方式是现场指导，其次是参观考察和课堂面授，对远程教育的兴趣不大。而2020年由于新冠病毒感染疫情的影响，线下培训的大幅度缩减，给线上培训带来机遇。如果再次进行问卷调查，所得到的结果可能有所不同。本章对合作社生态位类型与被调查者希望获

得的技术指导、参加技术培训的意愿和最喜欢的技术培训方式分别做了交叉列联表分析，发现各生态位时期合作社与上述变量不存在统计学上的显著差异。

本章对合作社生态位类型与技术单位合作的主要方式做了列联表分析，其结果如表 5-5 所示，皮尔逊卡方值为 18.470，相伴概率为 0.030，表明在 5% 的显著性水平上，生态位类型与技术单位合作的主要方式存在显著的统计学差异。不管在哪个生态位时期，聘用技术人员都是最为重要的合作方式，实行技术入股则随着生态位分离比例先上升后下降，购买相关技术在分化型生态位时期占比大涨，其他合作类型在初创期生态位下占比高达 1/4，在分化期占比为 0，显示出合作社各生态位时期的技术单位合作方式确实差异较大。

表 5-5 生态位类型与技术单位合作的主要方式交叉关联分析

生态位类型		与技术单位合作的主要方式				总计
		聘用技术人员	实行技术入股	购买相关技术	其他	
初创期生态位	计数/家	23	7	6	12	48
	占生态位类型的百分比/%	47.9	14.6	12.5	25.0	100.0
成长期生态位	计数/家	29	12	7	6	54
	占生态位类型的百分比/%	53.7	22.2	13.0	11.1	100.0
成熟期生态位	计数/家	47	17	9	11	84
	占生态位类型的百分比/%	56.0	20.2	10.7	13.1	100.0
分化期生态位	计数/家	26	8	12	0	46
	占生态位类型的百分比/%	56.5	17.4	26.1	0.0	100.0
总计	计数/家	125	44	34	29	232
	占生态位类型的百分比/%	53.8	19.0	14.7	12.5	100.0

5.1.5 信息要素合作与使用情况

随着大数据、互联网的影响日益广泛，信息要素的重要性愈加突显。本书将合作社的产品主要来源为通过合作社联系电商平台、农超对接、农产品加工企业、微商和其他类型的情况界定为信息要素合作。产品通过传统批发市场销售虽不在此列，但是约 2/3 的被调查合作社仍然在通过此渠道销售产品。在信息要素合作情况下，最常见的是电商平台和微商，约40%的被调查合作社通过电商平台销售产品，25%的被调查合作社通过微商销售产品，其他则是通过农超对接、农产品加工企业和其他方式销售产品。

超过一半的被调查合作社所售产品的市场定位是中端产品，另有约30%的市场定位为高端产品，定位为低端产品的比例最低。绝大多数合作社拥有独立品牌，与农产品缺乏知名品牌的现实相结合，可以看出合作社品牌升级还有很长的路要走。农产品品种众多，本书调查的合作社农产品质量认证类型从多到少依次为无公害农产品、绿色农产品、有机农产品和地理标志农产品，另有近 40%的合作社生产无质量认证的农产品。超过一半的合作社所售农产品的加工程度为初级加工，能做到深度加工的合作社不多，绝大多数合作社为自行加工农产品。市场经济条件下获取市场信息非常重要，通过互联网、与同行交流、市场调查和与专业人员交流是最为重要的获取市场信息的渠道。当前合作社市场开发占总成本比例并不算高，也相应影响到市场开发情况的满意程度。合作社信息开发最大的困难是市场信息不全面，说明要加大市场开发力度，另外，信息开发还面临农产品特色不显著和市场进入壁垒高等困难。因此，信息开发方面还需加强努力，进一步强化信息要素合作。

本章对所售农产品市场定位、农产品销售信息渠道、信息开发遇到的困难等与合作社生态位类型做了交叉列联表分析，其结果都不显著（见表5-6）。

表 5-6 生态位类型与获取市场信息的渠道交叉关联分析

生态位类型		广播电视	互联网	报刊书籍	与专业人员交流	政府宣传	与同行交流	市场调查	其他	总计
初创期生态位	计数/家	12	37	12	37	15	46	33	4	196
	占生态位类型的百分比/%	6.1	18.9	6.1	18.9	7.7	23.5	16.8	2.0	100.0
成长期生态位	计数/家	10	44	1	26	23	36	44	4	188
	占生态位类型的百分比/%	5.3	23.5	0.5	13.8	12.2	19.1	23.5	2.1	100.0
成熟期生态位	计数/家	19	50	5	59	50	45	50	3	281
	占生态位类型的百分比/%	6.7	17.8	1.8	21.0	17.8	16.0	17.8	1.1	100.0
分化期生态位	计数/家	13	34	6	25	25	35	26	4	168
	占生态位类型的百分比/%	7.7	20.2	3.6	14.9	14.9	20.8	15.5	2.4	100.0
总计	计数/家	54	165	24	147	113	162	153	15	833
	占生态位类型的百分比/%	6.5	19.8	2.9	17.6	13.6	19.4	18.4	1.8	100.0

获取市场信息的渠道

本章对合作社生态位类型与获取市场信息的渠道做了列联表分析，其结果为表5-6所示，皮尔逊卡方值为36.934，相伴概率为0.017，表明在5%的显著性水平上，生态位类型与获取市场信息的渠道存在显著的统计学差异。具体地，在合作社各生态位时期，广播电视的比例相对稳定，报刊书籍则下降明显。而通过互联网、与专业人员交流、政府宣传、与同行交流和市场调查则几乎都有随生态位跃迁而比例先升后降的情况。

5.1.6 管理要素合作与使用情况

合作社发展经历了从管理不规范到规范的过程，管理要素的重要性不容忽视。本书将合作社日常的运管管理工作由董事长兼任、核心成员共同负责界定为存在管理要素合作，把聘请职业经理人和其他情况排除在外。

本章对合作社生态位类型与获取市场信息的渠道、盈余分配方式、是否有5年以上长期发展目标做了列联表分析，其结果如表5-7、表5-8、表5-9所示，检验值分别为皮尔逊卡方值为41.474，相伴概率为0.000；皮尔逊卡方值为19.798，相伴概率为0.019；皮尔逊卡方值为10.312，相伴概率为0.016。表明分别在1%、5%、5%的显著性水平上，生态位类型与上述三个变量存在显著的统计学差异。具体来说，初创期和分化期生态位合作社的管理的民主程度比成长期和成熟期要低；随着生态位分离，合作社按股分红和按交易额分红的比例先上升后下降；合作社在生长期和成熟期具有5年以上长期发展目标的比例大于初创期和分化期。这些都说明成长期和成熟期合作社的管理情况要优于初创期和分化期。

表 5-7 生态位类型与重大决策决定情况交叉关联分析

生态位类型		重大决策决定情况				总计
		召开全体社员（或代表）大会	由核心成员共同决定	理事长一人决定	其他	
初创期生态位	计数/家	17	42	7	2	68
	占生态位类型的百分比/%	25.0	61.8	10.3	2.9	100.0

表5-7(续)

生态位类型		重大决策决定情况				总计
		召开全体社员（或代表）大会	由核心成员共同决定	理事长一人决定	其他	
成长期生态位	计数/家	46	20	0	0	66
	占生态位类型的百分比/%	69.7	30.3	0.0	0.0	100.0
成熟期生态位	计数/家	48	42	0	1	91
	占生态位类型的百分比/%	52.7	46.2	0.0	1.1	100.0
分化期生态位	计数/家	23	34	3	2	62
	占生态位类型的百分比/%	37.2	54.8	4.8	3.2	100.0
总计	计数/家	134	138	10	5	287
	占生态位类型的百分比/%	46.7	48.1	3.5	1.7	100.0

表5-8 生态位类型与盈余分配方式交叉关联分析

生态位类型		盈余分配方式				总计
		按股分红	按交易额分红	二者结合	以上都不是	
初创期生态位	计数/家	21	10	21	16	68
	占生态位类型的百分比/%	30.9	14.7	30.9	23.5	100.0
成长期生态位	计数/家	34	11	15	6	66
	占生态位类型的百分比/%	51.5	16.7	22.7	9.1	100.0
成熟期生态位	计数/家	41	17	12	21	91
	占生态位类型的百分比/%	45.1	18.6	13.2	23.1	100.0
分化期生态位	计数/家	30	4	18	10	62
	占生态位类型的百分比/%	48.4	6.5	29.0	16.1	100.0

表5-8(续)

生态位类型		盈余分配方式				总计
		按股分红	按交易额分红	二者结合	以上都不是	
总计	计数/家	126	42	66	53	287
	占生态位类型的百分比/%	43.9	14.6	23.0	18.5	100.0

表 5-9　生态位类型与是否有 5 年以上长期发展目标交叉关联分析

生态位类型		是否有 5 年以上长期发展目标		总计
		是	否	
初创期生态位	计数/家	60	8	68
	占生态位类型的百分比/%	88.2	11.8	100.0
成长期生态位	计数/家	63	3	66
	占生态位类型的百分比/%	95.5	4.5	100.0
成熟期生态位	计数/家	87	4	91
	占生态位类型的百分比/%	95.6	4.4	100.0
分化期生态位	计数/家	51	11	62
	占生态位类型的百分比/%	82.3	17.7	100.0
总计	计数/家	261	26	287
	占生态位类型的百分比/%	90.9	9.1	100.0

在决定合作社重大决策时，以召开社员（或代表）大会和由核心成员共同决定为主，董事长一言堂较为少见，同时合作社日常运营由核心成员共同负责成为主流，合作社盈余分配方式以按股分配为主。绝大多数被调查合作社有 5 年以上发展目标，多数合作社认为未来的发展以外部合作为主。被调查合作社的理事长均颇具风险意识，认为合作社面临的风险比较大。认为主要风险来源于市场的，人数占比约为六成；认为风险来源于自然的，人数占比约为四成。多数合作社将拓展销售渠道和参加保险作为应

对风险的重要举措。在管理方面，被调查者提及的问题从多到少依次是缺乏职业经理人、管理人员素质不高、普通社员难以参与管理、管理机制不健全等。说明管理方面还存在不少问题，加强管理要素合作必然是合作社未来发展的题中之义。

本章对合作社未来发展方向、主要风险来源、降低风险的途径、管理存在的问题与合作社生态位类型做了交叉列联表分析，其结果都不显著。

5.2 各生态位下农民专业合作社存在问题的差异分析

通过调查，本书所涉及的287家农民专业合作社中，有91家合作社经历了初创期生态位、成长期生态位和成熟期生态位，还有62家合作社还进入到了分化期生态位，这两部分加起来占比53.31%。其中，令人吃惊的是，处于分化期生态位的合作社占比21.60%，远高于最初的设想。这可能是由于新冠病毒感染疫情的持续影响，部分合作社因市场萎缩、饲料价格上涨、价值链断裂等多重不利因素而倒闭。本书借鉴林坚（2007）、王曙光（2008）、李少华和樊荣（2012）、黄胜忠（2013）、魏晨（2015）等学者的观点，在每一种合作社生态位下就土地、资金、劳动力、技术、信息、管理、政策七大要素设置相关问题。经过统计分析，土地、资金、劳动力、技术、信息、管理、政策七个问题在农民专业合作社各生态位下都不同程度存在（见表5-10），能够概括出合作社不同生态位下所面临的主要问题，因为这些问题中任何一个问题都远远大于其他所有问题的总和。

表 5-10　被调查合作社不同生态位所存在的主要问题　单位：家

因素	土地	资金	劳动力	技术	信息	管理	政策
初创期生态位	53	60	62	65	62	46	62
成长期生态位	48	51	52	46	48	48	40
成熟期生态位	61	70	77	72	71	61	56
分化期生态位	44	49	54	56	55	50	45

5.2.1 Wilcoxon 符号秩检验

差值检验方法较多，常用到的有参数方法中的配对 t 检验法、非参数

方法中的符号检验法和 Wilcoxon 符号秩检验法。相比而言，配对 t 检验法要求符合近似正态分布的假设，符号检验法则会丢失样本所含的部分信息（胡文伟、李湛，2019），配对 t 检验法和符号检验法都存在一定的缺陷，但 Wilcoxon 符号秩检验法是在成对观测数据的符号检验基础上发展起来的，比传统的单独用正负号的检验方法更加有效，因此本章选择采用 Wilcoxon 符号秩检验法。具体步骤为：首先，计算问题变化值即差值 D，按绝对值 | D | 由小到大排序并给出秩，即序号 1、2、…、n，对于相同数值者，使用平均秩；其次，将差值按 "+" "−" 分为两组，分为正秩与负秩，分别计算其和，其结果称为秩和，记为 T+ 与 T−；最后，建立待检验假设。此方法的基本原理是：序号是按重要程度排序的，序号越大说明重要程度越大，反之亦然；序号均值是一个阶段序号的平均值，序号均值越大，说明该因素对合作社发展的各阶段的总体影响越大，反之亦然；不稳定程度指各时期变化值的绝对值之和，结果越大越不稳定，反之亦然。根据原理，由于数值百分比分析同数值分析结果大同小异，本章采用百分数数据，应用 Wilcoxon 符号秩检验法对农民专业合作社不同生态位之间分别进行两两差异分析。

5.2.2 不同生态位下农民专业合作社存在问题的差异分析

5.2.2.1 初创期生态位与成长期生态位差异分析

根据表 5-11 可知，T+ = 1.5+3+4+6+5+7 = 26.5，T− = 1.5，T 值为 T+ 和 T− 的小值，T = 1.5。查 Wilcoxon 检验表可知，对于 $\alpha = 0.05$ 的单侧检验，N = 7 时，$T_{0.025} = 4$，可知 T < 4，初创期生态位阶段和成长期生态位阶段具有显著系统差异。本章利用 SPSS 26.0 软件进行检证，发现 P = 0.034 < 0.05，说明拒绝原假设，两个阶段的问题差异显著。

表 5-11　初创期生态位阶段与成长期生态位阶段系统差异检验

因素	土地	资金	劳动力	技术	信息	管理	政策
初创期生态位阶段/%	78	88	91	96	91	68	91
成长期生态位阶段/%	73	77	79	70	73	73	61
差值（D）	5	11	12	26	18	−5	30
∣D∣ 的秩	1.5	3	4	6	5	1.5	7
D 的符号	+	+	+	+	+	−	+

5.2.2.2　初创期生态位与成熟期生态位差异分析

根据表5-12可知，T+ = 1+2+3.5+3.5+5+6+7 = 28，T- = 0，T值为T+和T-的小值，T=0。查 Wilcoxon 检验表可知，对于 α = 0.05 的单侧检验，N = 7 时，$T_{0.025}$ = 4，可知 T<4，资源型生态位阶段和成长期生态位阶段具有显著系统差异。本章利用 SPSS 26.0 软件进行检证，发现 P = 0.018 < 0.05，说明拒绝原假设，两个阶段的问题差异显著。

表 5-12　初创期生态位阶段与成熟期生态位阶段系统差异检验

因素	土地	资金	劳动力	技术	信息	管理	政策
初创期生态位阶段/%	78	88	91	96	91	68	91
成熟期生态位阶段/%	66	76	84	78	77	66	61
差值（D）	12	12	7	18	14	2	30
┃D┃的秩	3.5	3.5	2	6	5	1	7
D 的符号	+	+	+	+	+	+	+

5.2.2.3　初创期生态位与分化期生态位差异分析

根据表5-13可知，T+ = 1+2+3+4+5+7 = 22，T- = 6，T值为T+和T-的小值，T=6。查 Wilcoxon 检验表可知，对于 α = 0.05 的单侧检验，N = 7 时，$T_{0.025}$ = 4，可知 T>4，资源型生态位阶段和成长期生态位阶段没有显著系统差异。本章利用 SPSS 26.0 软件进行检证，发现 P = 0.176 > 0.05，说明接受原假设，两个阶段的问题差异不显著。

表 5-13　初创期生态位阶段与分化期生态位阶段系统差异检验

因素	土地	资金	劳动力	技术	信息	管理	政策
初创期生态位阶段/%	78	88	91	96	91	68	91
分化期生态位阶段/%	72	80	89	92	90	82	74
差值（D）	6	8	2	4	1	-14	17
┃D┃的秩	4	5	2	3	1	6	7
D 的符号	+	+	+	+	+	-	+

5.2.2.4 成长期生态位与成熟期生态位差异分析

根据表5-14可知，T-=3+6+2=11，T+=4.5+1+4.5=10，T值为T+和T-的小值，T=10。查Wilcoxon检验表可知，对于$\alpha=0.05$的单侧检验，N=7时，$T_{0.025}=4$，可知T>4，资源型生态位阶段和成长期生态位阶段没有显著系统差异。本章利用SPSS 26.0软件进行检证，发现P=0.916>0.05，说明接受原假设，两个阶段的问题差异不显著。

表5-14 成长期生态位阶段与成熟期生态位阶段系统差异检验

因素	土地	资金	劳动力	技术	信息	管理	政策
成长期生态位阶段/%	73	77	79	70	73	73	61
成熟期生态位阶段/%	66	76	84	78	77	66	61
差值（D）	7	1	−5	−8	−4	7	0
｜D｜的秩	4.5	1	3	6	2	4.5	0
D的符号	+	+	−	−	−	+	

5.2.2.5 成长期生态位与分化期生态位差异分析

根据表5-15可知，T-=2+3+4+5+6+7=27，T+=1，T值为T+和T-的小值，T=1。查Wilcoxon检验表可知，对于$\alpha=0.05$的单侧检验，N=7时，$T_{0.025}=4$，可知T<4，成长期生态位阶段和分化期生态位阶段具有显著系统差异。本章利用SPSS 26.0软件进行检证，发现P=0.028<0.05，说明拒绝原假设，两个阶段的问题差异显著。

表5-15 成长期生态位阶段与分化期生态位阶段系统差异检验

因素	土地	资金	劳动力	技术	信息	管理	政策
成长期生态位阶段/%	73	77	79	70	73	73	61
分化期生态位阶段/%	72	80	89	92	90	82	74
差值（D）	1	−3	−10	−22	−17	−9	−13
｜D｜的秩	1	2	4	7	6	3	5
D的符号	+	−	−	−	−	−	−

5.2.2.6 成熟期生态位与分化期生态位差异分析

根据表 5-16 可知，$T-=1+2+3+4.5+4.5+6+7=28$，$T+=0$，T 值为 T+和 T-的小值，$T=0$。查 Wilcoxon 检验表可知，对于 $\alpha=0.05$ 的单侧检验，$N=7$ 时，$T_{0.025}=4$，可知 $T<4$，成熟期生态位阶段和分化期生态位阶段具有显著系统差异。本章利用 SPSS 26.0 软件进行检证，发现 $P=0.018<0.1$，说明拒绝原假设，两个阶段的问题差异显著。

表 5-16　成熟期生态位阶段与分化期生态位阶段系统差异检验

因素	土地	资金	劳动力	技术	信息	管理	政策
成熟期生态位阶段/%	66	76	84	78	77	66	61
分化期生态位阶段/%	72	80	89	92	90	82	74
差值（D）	-6	-4	-5	-14	-13	-16	-13
｜D｜的秩	3	1	2	6	4.5	7	4.5
D 的符号	-	-	-	-	-	-	-

从上面计算的结果可以看出：对于各时期合作社存在的问题而言，初创期与成长期、初创期与成熟期、成长期与分化期、成熟期与分化期差异显著，初创期与分化期、成长期与成熟期差异不显著。可见初创期与分化期合作社存在的各类问题比成长期与成熟期更多，符合本书的预期设想。

5.3　农民专业合作社成员多要素合作影响因素分析

本章从合作广度和合作深度两个角度分别研究农民专业合作社内部多要素合作情况及其影响因素。

5.3.1　农民专业合作社内部多要素合作广度的影响因素分析

为了客观反映农民专业合作社多要素合作情况，被解释变量选择农民专业合作社进行要素合作的个数，这代表了合作的广度。根据上文界定的情况，农民专业合作社最多有 6 个要素方面的合作，最少则没有要素合作，此变量为计数变量。由于计数变量不连续且分布呈明显偏态，用其作为因变量进行常规回归分析会违反这种方法本身所要求的数值应是连续、正太分布的假定条件，因此，本章选择计数模型进行分析。计数模型通常应用的具体形式有泊松回归模型和负二项回归模型两种。此外，如果样本中含零较多时，还要进行零膨胀检验和处理。

泊松分布的密度函数和回归模型基本形式分别为

$$Pr(Y = y) = p(y) = \frac{e^{-\lambda} \lambda y}{y!}$$

$$\ln(\lambda_i) = X_i \beta = \sum_{k=0}^{k} \beta_k x_{ik}$$

其中，y 是因变量，在文中表示合作社要素合作个数，$y = 0$、1、2、3、4、5、6。λ_i 是泊松分布的期望值，也是方差。X_i 表示第 i 个自变量，在文中表示影响合作社多要素合作的主要因素，β 为各自变量的回归参数。本章的因变量为 0 的情况较少，采用泊松回归模型就比较合适。

本书是针对合作社理事长（或核心成员）① 做的调查问卷，理事长对合作社的各方面情况非常了解，在自变量的选择上就从理事长和合作社两方面进行考虑，理事长方面考虑年龄、性别、文化程度三个自变量，合作社方面则考虑所在地貌、示范社类型和合作社类别三个变量。由表 5-17 可知，各变量均为分类变量，因此本研究就没有考虑进一步计算模型的边际效应。

表 5-17　模型变量与统计描述

变量名称	变量	定义及说明	期望值	标准差
要素合作数量	y	进行要素合作的数量：0，1，2，3，4，5，6	3.533	1.667 7
年龄	x_{11}	30 岁以下 = 1，其他 = 0	0.087	0.282 5
	x_{12}	30~40 岁 = 1，其他 = 0	0.272	0.445 7
	x_{13}	41~50 岁 = 1，其他 = 0	0.500	0.501 0
	x_{14}	51~60 岁 = 1，其他 = 0	0.122	0.327 8
	x_{15}	60 岁以上 = 1，其他 = 0	0.014	0.117 4
性别	x_2	男性 = 1，女性 = 0	0.756	0.430 2

---

① 为了方便起见，后文均用"理事长"指代"理事长（或核心成员）"。

表5-17（续）

变量名称	变量	定义及说明	期望值	标准差
文化程度	x_{31}	小学及小学以下=1，其他=0	0.052	0.222 9
	x_{32}	初中=1，其他=0	0.244	0.430 2
	x_{33}	高中及中专=1，其他=0	0.338	0.473 8
	x_{34}	大专及本科=1，其他=0	0.338	0.473 8
	x_{35}	本科以上=1，其他=0	0.028	0.164 9
合作社所在地地貌	x_{41}	平原地区=1，其他=0	0.143	0.350 5
	x_{42}	丘陵地区=1，其他=0	0.303	0.460 4
	x_{43}	山区=1，其他=0	0.554	0.497 9
示范社类型	x_{51}	国家级=1，其他=0	0.059	0.236 5
	x_{52}	省级=1，其他=0	0.317	0.466 1
	x_{53}	市县级=1，其他=0	0.272	0.445 7
	x_{54}	非示范社=1，其他=0	0.352	0.478 4
合作社类别	x_6	种植专业合作社=1，养殖专业合作社=0	0.509	0.500 8

　　另外，为了避免自变量之间存在相关关系而影响模型估计的真实性，本章在进行模型分析之前对自变量做了多重共线性检验，结果发现所有纳入模型的自变量的方差膨胀因子 VIF 值为 1.04~5.24，平均值为 2.30。据经验分析，VIF 值小于 10 就不存在多重共线性问题，说明自变量之间不存在明显的相关关系，可以进行模型分析。

　　根据对模型变量的描述性统计，可知被调查合作社的理事长年龄集中在 40~50 岁区间，男性较多，文化程度以高中以上为主。被调查合作社多数位于山区，有不少合作社是非示范社，其次为省级示范社，再次为市县级示范社，最少的是国家级示范社。

　　本章还计算了最小二乘（OLS）回归模型的结果，以检验模型的稳健性。相关数据利用 STATA 15.0 软件进行计算，所得结果见表 5-18。

　　根据模型计算结果，可以看出两个模型的计算结果差别不大。本章仅对泊松回归的结果进行分析：以 30 岁以下为参照组，合作社理事长年龄在 41~50 岁年龄段对合作社要素合作数量有正向显著影响，就是说相对于理事长年龄在 30 岁以下的合作社，41~50 岁年龄段的理事长所管理的合作社要素合作数量更多。以文化程度为小学及以下的合作社理事长为参照组，理事长文化程度为高中及中专、大专及本科的合作社对要素合作数量有显著正向影响。说明相对于半文盲理事长，文化程度高的理事长更倾向于进行更多的要素合作。以山区合作社为参照组，平原区合作社对要素合作数量有显著负向影响，说明与山区相比，平原区合作社倾向于较少的要素合作，原因可能在于平原区的条件较好，市场经济更为发达。以非示范社为参照组，回归中各级示范社对要素合作数量呈显著正向影响。

表 5-18　农民专业合作社多要素合作广度的影响因素回归结果

	解释变量	poisson	OLS		解释变量	poisson	OLS
年龄	x_{12}	0.153 (0.116)	0.514 (0.382)	性别	x_2	0.078 (0.070)	0.274 (0.240)
	x_{13}	0.232** (0.113)	0.814** (0.373)	合作社所在地貌	x_{41}	−0.261** (0.109)	0.494*** (0.185)
	x_{14}	0.015 (0.137)	0.098 (0.437)		x_{42}	0.052 (0.051)	−0.762** (0.308)
	x_{15}	−0.154 (0.345)	−0.527 (1.081)	示范社类型	x_{51}	0.235* (0.139)	0.211* (0.193)
文化程度	x_{32}	0.322 (0.208)	0.878 (0.492)		x_{52}	0.179*** (0.065)	0.804* (0.538)
	x_{33}	0.356* (0.208)	1.014** (0.491)		x_{53}	0.153** (0.070)	0.614*** (0.226)
	x_{34}	0.374* (0.207)	1.092** (0.495)	合作社类别	x_6	0.143*** (0.052)	0.519** (0.239)
	x_{35}	0.283 (0.288)	0.734 (0.873)	常数项		0.528** (0.239)	1.239** (0.617)

注：Standard errors in parentheses $^*p < 0.10$, $^{**}p < 0.05$, $^{***}p < 0.01$

5.3.2　农民专业合作社内部多要素合作深度的影响因素分析

考虑到合作社理事长了解本社情况，因此其主观评价在相当程度上能够反映客观事实。本章以合作社理事长对各要素合作的评价为依据，来探讨农民专业合作社内部要素合作深度的问题。具体体现为被调查者对所在合作社的土地、资金、劳动力、技术、信息、管理各要素合作深度的评价，根据李克特量表，从合作不深入到合作深入分别评分为 1~5 分，其中 1 分为合作不深入，2 分为合作不太深入，3 分为一般，4 分为合作比较深入，5 分为合作深入，不同的分数代表不同的合作深度。合作深入程度越高，则农民专业合作社该要素合作的情况就越好。

由于合作深度是一组有序分类变量，因此本章采用有序 logistic 回归模型，其表达式为 $P(y = j \mid x_i) = \dfrac{1}{1 + e^{-(\alpha + \beta x)}}$ 。其中，X_i 表示第 i 个指标，y 代表农民专业合作社内部各要素合作深度的等级。建立有序 logistic 模型，其形式是：

$$\text{Logit}(P_j) = Ln[P(y \leq j) / P(Y \geq j+1)] = \alpha_j + \beta X$$

其中：$P_j = P(y = j)$，$j = 1，2，3，4，5$；X 表示影响农民专业合作社内部各要素合作深度的指标，β 是一组与 X 对应的回归系数，α_j 是模型的截距。在得到前者的参数估计后，某种特定情况，如（$y = j$）发生的概率就可以通过下列公式得到：

$$P(y \leq j \mid X) = \frac{e^{-(\alpha + \beta X_i)}}{1 + e^{-(\alpha + \beta X_i)}}$$

$$P(Y \leq j \mid x_i) = \frac{e^{-(\alpha_j + \sum_{i=1}^{k} \beta_i x_i)}}{1 + e^{-(\alpha_j + \sum_{i=1}^{k} \beta_i x_i)}}$$

$$P(Y \leq j \mid x_i) = \frac{\exp(\alpha_j + \sum_{i=1}^{k} \beta_i x_i)}{1 + \exp(\alpha_j + \sum_{i=1}^{k} \beta_i x_i)}$$

本章构建了六个模型，分别研究农民专业合作社内部各要素合作深度的影响因素，模型 1 为土地要素合作，模型 2 为资金要素合作，模型 3 为劳动力要素合作，模型 4 为技术要素合作，模型 5 为信息要素合作，模型 6 为管理要素合作，计算结果为表 5-19 所示。

表 5-19　农民专业合作社多要素合作深度的影响因素有序 logistic 回归结果

解释变量	模型 1	模型 2	模型 3	模型 4	模型 5	模型 6
x_{12}	0.057 (0.243)	0.025 (0.231)	0.019 (0.239)	0.163 (0.251)	-0.128 (0.219)	0.052 (0.247)
x_{13}	0.108 (0.233)	-0.006 (0.218)	0.159 (0.228)	0.147 (0.233)	-0.021 (0.209)	0.297 (0.241)
x_{14}	-0.003 (0.292)	-0.178 (0.294)	0.328 (0.297)	0.212 (0.300)	0.008 (0.286)	-0.017 (0.299)
x_{15}	-0.400 (0.518)	0.290 (0.314)	0.353 (0.443)	-0.037 (0.644)	-0.406 (0.460)	-0.538 (0.623)
x_2	0.325** (0.150)	0.280* (0.148)	0.342** (0.161)	0.375** (0.150)	0.404*** (0.156)	0.387*** (0.148)

表5-19(续)

解释变量	模型 1	模型 2	模型 3	模型 4	模型 5	模型 6
x_{32}	0.412	0.709 **	1.097 ***	0.356	0.574	0.569 *
	(0.355)	(0.339)	(0.406)	(0.367)	(0.347)	(0.322)
x_{33}	0.358	0.601 *	0.769 *	0.095	0.396	0.510
	(0.350)	(0.335)	(0.395)	(0.357)	(0.333)	(0.311)
x_{34}	0.180	0.506	0.683 *	0.059	0.322	0.603 *
	(0.357)	(0.345)	(0.407)	(0.361)	(0.333)	(0.312)
x_{35}	0.293	0.816 *	1.135 **	0.153	0.261	1.104 **
	(0.397)	(0.472)	(0.500)	(0.456)	(0.380)	(0.470)
x_{41}	−0.273	0.220	−0.046	−0.417	−0.061	−0.100
	(0.225)	(0.227)	(0.243)	(0.234)	(0.236)	(0.226)
x_{42}	−0.160	−0.152	0.020	0.079	−0.121	0.143
	(0.141)	(0.142)	(0.137)	(0.145)	(0.142)	(0.143)
x_{51}	0.217	0.393	0.195	0.297	0.417	0.344
	(0.279)	(0.263)	(0.253)	(0.262)	(0.325)	(0.311)
x_{52}	0.355 **	0.266	0.344 **	0.214	0.458 ***	0.494 ***
	(0.160)	(0.169)	(0.161)	(0.165)	(0.165)	(0.156)
x_{53}	0.460 ***	0.285	0.376 **	0.383 **	0.564 ***	0.169
	(0.176)	(0.184)	(0.173)	(0.179)	(0.184)	(0.163)
x_6	−0.011	−0.067	−0.050	−0.084	0.115	−0.047
	(0.129)	(0.130)	(0.134)	(0.131)	(0.130)	(0.129)
截距 1	0.017	0.514	0.763 *	−0.095	0.468	0.617
	(0.443)	(0.437)	(0.459)	(0.452)	(0.394)	(0.398)
截距 2	0.594	1.289 ***	1.669 ***	0.710	1.250 ***	1.350 ***
	(0.444)	(0.443)	(0.466)	(0.458)	(0.399)	(0.402)
截距 3	1.366 ***	1.779 ***	2.506 ***	1.701 ***	1.973 ***	2.263 ***
	(0.450)	(0.450)	(0.470)	(0.470)	(0.407)	(0.403)
截距 4	2.050 ***	2.353 ***	3.124 ***	2.198 ***	2.440 ***	3.101 ***
	(0.458)	(0.446)	(0.495)	(0.479)	(0.415)	(0.423)
N	287	287	287	287	287	287
R^2	0.023 6	0.019 2	0.037 2	0.028 5	0.034 1	0.040 2

注:: Standard errors in parentheses * $p < 0.10$, ** $p < 0.05$, *** $p < 0.01$

为了检验模型的稳健性,本章还计算了最小二乘（OLS）回归模型的结果。模型 7 为土地要素合作,模型 8 为资金要素合作,模型 9 为劳动力要素合作,模型 10 为技术要素合作,模型 11 为信息要素合作,模型 12 为管理要素合作。相关数据利用 STATA 15.0 软件进行计算,所得结果见表5-20。

表 5-20　农民专业合作社多要素合作深度的影响因素 OLS 回归结果

解释变量	模型 7	模型 8	模型 9	模型 10	模型 11	模型 12
x_{12}	0.049	0.008	-0.009	0.154	-0.128	0.016
	(0.292)	(0.277)	(0.230)	(0.260)	(0.249)	(0.241)
x_{13}	0.116	0.010	0.115	0.129	-0.015	0.257
	(0.279)	(0.260)	(0.219)	(0.238)	(0.238)	(0.236)
x_{14}	-0.003	-0.157	0.288	0.207	0.021	-0.050
	(0.342)	(0.340)	(0.295)	(0.314)	(0.321)	(0.292)
x_{15}	-0.500	0.338	0.322	-0.051	-0.468	-0.520
	(0.642)	(0.481)	(0.519)	(0.700)	(0.504)	(0.557)
x_2	0.379 **	0.352 **	0.358 **	0.391 **	0.445 ***	0.408 ***
	(0.178)	(0.171)	(0.156)	(0.153)	(0.163)	(0.148)
x_{32}	0.424	0.731 **	0.938 ***	0.359	0.562	0.489 *
	(0.383)	(0.329)	(0.320)	(0.389)	(0.344)	(0.284)
x_{33}	0.365	0.568 *	0.570 *	0.073	0.323	0.439
	(0.374)	(0.319)	(0.305)	(0.376)	(0.323)	(0.267)
x_{34}	0.138	0.503	0.489	0.033	0.264	0.528 *
	(0.383)	(0.336)	(0.318)	(0.382)	(0.324)	(0.271)
x_{35}	0.233	0.912 *	0.926 **	0.108	0.045	1.043 **
	(0.461)	(0.541)	(0.452)	(0.489)	(0.368)	(0.468)
x_{41}	-0.319	0.239	0.015	-0.376	-0.010	-0.063
	(0.256)	(0.267)	(0.243)	(0.235)	(0.255)	(0.220)
x_{42}	-0.221	-0.213	0.009	0.087	-0.120	0.156
	(0.173)	(0.165)	(0.142)	(0.159)	(0.160)	(0.150)
x_{51}	0.279	0.356	0.153	0.265	0.440	0.352
	(0.339)	(0.317)	(0.256)	(0.279)	(0.361)	(0.327)
x_{52}	0.448 **	0.215	0.320 *	0.187	0.429 **	0.491 ***
	(0.190)	(0.191)	(0.164)	(0.177)	(0.179)	(0.162)
x_{53}	0.579 ***	0.298	0.367 **	0.380 **	0.593 ***	0.161
	(0.207)	(0.211)	(0.178)	(0.192)	(0.204)	(0.165)
x_6	-0.020	-0.135	-0.081	-0.124	0.106	-0.072
	(0.155)	(0.153)	(0.137)	(0.140)	(0.147)	(0.134)
_cons	1.888 ***	1.387 ***	1.155 ***	1.861 ***	1.386 ***	1.244 ***
	(0.478)	(0.449)	(0.370)	(0.471)	(0.390)	(0.354)
R^2	0.076	0.052	0.097	0.075	0.089	0.108
adj. R^2	0.025	0.000	0.047	0.024	0.039	0.058
F	1.611	1.134	2.397	1.645	2.240	2.471
N	287	287	287	287	287	287

注：Standard errors in parentheses * $p < 0.10$，** $p < 0.05$，*** $p < 0.01$

通过对比两个模型的计算结果，可以看出差别不大。本章主要根据有序 Logistic 模型，结合农民专业合作社内部 6 个要素合作深度的影响因素来进行分析：相对于女性，男性合作社理事长所在的合作社各类要素合作的深度都更高，有可能是男性比女性有更强的事业心或成就感，更为积极地推动合作社内部要素合作。合作社理事长的文化程度对内部要素合作深度的影响也比较突出，除了在土地要素合作、技术要素合作和信息要素合作以外，将理事长文化程度为小学及小学以下的合作社作为对照组，其他合作社的劳动力要素合作都更为深入，资金要素和管理要素的合作大都亦然。说明合作社内部的劳动力要素合作、资金要素合作和管理要素合作的深度受理事长文化程度的正向影响，通常来说理事长文化程度越高，越能认识到这三种内部要素合作的重要性，从而推动其深入发展。另外，以非示范社为对照组，省级和市县级示范社的内部要素合作更为深入，但是资金要素合作是一个例外，其原因可能是相对于非示范社来说，省级和市县级示范社更容易获得外部资金支持，从而不太重视加强内部资金合作。有趣的是，国家级示范社相对于非示范社，其内部要素合作深度没有显著差异，说明国家级示范社发展条件好，政策优惠多，外部支持强，没有着力于内部要素合作的深入发展。结合生态位演化路径，一般来说，非示范社处于生态位低阶阶段，国家级示范社处于生态位高阶阶段，上述表现也从侧面说明了合作社内部多要素合作随其生态位跃迁而出现深度由弱到强再转弱的发展变化趋势。最后，合作社理事长的年龄、合作社所在地貌和合作社类别对合作社内部多要素合作的深度没有显著影响。

5.4　本章小结

根据本章研究的结果，合作社面临的主要问题，在初创期生态位下是技术、劳动力和信息；在成长期生态位下，是劳动力和资金；在成熟期生态位下，是劳动力和技术；在分化期生态位下，是技术和信息。可见，对于合作社来说，要解决的关键问题是劳动力、技术和信息问题。这三个问题又是密切关联的，劳动力（包括人才）是合作社发展各要素中最重要的能动要素，不仅需要劳动力引入并掌握技术，还需要劳动力来获取并利用各类信息。这一切要以合作社有充足的劳动力要素为先导。因此，在当前乡村振兴的大背景下，需要政策的引领，为合作社引进劳动力和人才创造优惠条件。

在探讨农民专业合作社多要素合作的影响因素方面由于本章纳入模型的变量有限，且都是分类数据，研究存在局限性。但从模型计算结果可以得出以下结论：

（1）在合作社多要素合作广度的影响因素方面，一是理事长处于壮年阶段，此时社会关系较为广泛，思想也较为务实，更有利于合作社进行更多的要素合作。上表可见若理事长年龄在 60 岁以上的话，其至还会对要素合作数量起到负面影响。二是理事长文化程度较高，更易推动合作社多方面的要素合作。三是山区和丘陵区合作社要素合作数量更多。四是示范社要素合作数量更多。

（2）在合作社多要素合作深度的影响因素方面，一是男性理事长更倾向于加强合作社内部多要素合作深入发展；二是合作社理事长文化程度对劳动力要素合作、资金要素合作和管理要素合作的深度有正向影响；三是除资金要素合作以外，省级和市县级示范社的内部要素合作更为深入。

6 农民专业合作社生态位分离：多要素合作的变异机制

在上一章厘清合作社初创期生态位、成长期生态位、成熟期生态位、分化期生态位四种生态位下的关键要素基础上，本章接着来探究不同生态位下合作社关键要素成员与非关键要素成员之间要素合作演化的变异机制。变异是指组织种群中出现新的组织形态（韩光裕、宣刚、孙伟，2017）。从本书所界定的合作社生态位的角度审视，可以将处于初创期、成长期、成熟期、分化期生态位的合作社分别看作是同一类组织形态，由于关键要素的投入而引致合作社生态位发生跃迁，即可以看作是合作社从一种组织形态演变成了另外一种组织形态①，也就是合作社组织形态发生了变异。"变异机制"就是要搞清楚促使合作社组织形态演变（或合作社生态位跃迁）的内在原因。本章重点探究促使这一演化博弈过程的内在驱动力或原因，即要解答组织演化机理的"为什么"问题，也就是要回答本书提出的第二个问题——"促使农民专业合作社关键要素合作演化的变异机制是什么？"

6.1 关键要素成员与非关键要素成员要素合作的演化博弈模型

6.1.1 模型假设

（1）合作社内部成员可划分为关键要素成员与非关键要素成员两类。所谓关键要素成员，是指在合作社某生态位下投入了该生态位所需关键要素的合作社成员，这部分成员的关键要素投入直接决定了合作社从较低阶

---

① 本书"3.3.3 合作社生态位内涵"部分有详细阐述。

生态位进入到更高阶生态位；与此相对的一个概念，即为"非关键要素成员"，是指合作社某生态位下投入非关键要素的合作社成员，这部分成员所投入的要素对合作社生态位跃迁不起决定性作用。从动态的角度看，合作社关键要素成员和非关键要素成员是一组相对的概念，不同生态位下资源要素的重要程度随着生态位的跃迁而呈现动态变化，即同一要素在某生态位下属于关键要素，到新的生态位下可能变成非关键要素；反之，同一要素在某生态位下属于非关键要素，在新的生态位下可能变成关键要素。关键要素成员加入合作社的多要素合作，对合作社原有的利益格局（包括合作社内部的决策机制、管理模式、利益分配等）带来"挑战"，其结果是新生态位下关键要素成员取代了原有生态位下关键要素成员的地位，但这个取代过程并非一帆风顺，因为根据组织生态学观点，组织演化往往受到组织惯性（institutional inertia）和资源专一性（resource specificity）的阻碍（Hannan & Freeman，1977；Stacey，1995）。一方面关键要素伴随生态位跃迁而不断变化，另一方面组织惯性和资源专一性又对合作社组织演进形成阻碍，这就是一个演化博弈的过程。

（2）关键要素成员与非关键要素成员具有有限理性。完全理性是主流经济学理论体系构建的假设前提，认为理性经济人能在诸多决策方案中选择一个最优方案。但是，随着人们认知的深入（很多时候人们在决策时往往会陷入盲目状态，股市中大多数股民"跟风"购买股票时的状态即是明证），"完全理性"的假设前提越来越遭到诟病，实践证明人们的理性更多的时候是有限的，演化博弈论就是在批判完全理性的基础上提出有限理性假设。在合作社生态位演替过程中，不同生态位下关键要素成员与非关键要素成员之间所拥有的决策信息和决策能力并不相同。

（3）关键要素成员的行为策略有（主动合作，非主动合作），关键要素成员的主动合作是指积极加强与非关键要素成员的沟通与联系、主动投入关键要素、完善要素合作程序等有利于合作社内部要素合作的行为；非主动合作是指不响应要素合作需求、要素合作中存在违约行为、不提供要素合作服务等行为。非关键要素成员的行为策略也为（主动合作，非主动合作）。非关键要素成员的主动合作表现为主动参与合作社内部要素合作，非主动合作则体现为漠视合作社内部要素合作行为、意图在合作中"搭便车"等情况。

（4）双方主动合作会带来合作收益的增加。虽然关键要素对合作社生态位的跃迁起到决定性作用，但非关键要素也不可或缺，这就好比某合作社发展到较高生态位，由于产业深入融合发展需要，资本、技术、管理等要素的重要性跃居前列，但这并不意味着土地、劳动力等要素就可以不要。也就是说，关键要素与非关键要素之间合作比不合作好，对双方而言，合作会带来额外的收益增加，可称之为合作增益；不合作，不仅不能获得合作增益，甚至面临合作社解体的风险。

（5）组织惯性和资源专一性是影响合作社关键要素合作的主要因素。因关键要素引致的组织惯性有利于初创期生态位下合作社的发展壮大，但随着合作社的不断发展壮大，组织惯性反过来成为合作社生态位跃迁的"羁绊"。同理，资源专一性也对合作社关键要素合作产生重要影响，资源专一性越弱，其他关键要素加入要素合作的难度就越小，合作社生态位跃迁就越容易；资源专一性越强，其他关键要素加入要素合作的难度就越大，合作社生态位就越难以跃迁。

6.1.2 模型构建

由于要素禀赋的差异，关键要素成员与非关键要素成员之间具有明显的异质性，在计算二者的收益和均衡时需要分开处理。现假设合作社总要素投入成本为 C，关键要素成员投入要素的成本比重为 a_1，非关键要素成员投入要素的成本比重为 a_2，且 $a_1 > a_2 > 0$（"关键要素成员的要素投入占比"超过"非关键要素成员的要素投入占比"）、$a_1 + a_2 = 1$。同时，I_1、I_2 分别为关键要素成员与非关键要素成员均不参加要素合作下的收益，S 为关键要素成员与非关键要素成员均参加要素合作所带来的额外收益（合作增益），S_1、S_2 为关键要素成员与非关键要素成员均参加要素合作所带来的合作增益（$S = S_1 + S_2$）。那么，关键要素成员与非关键要素成员之间的博弈矩阵见表 6-1。

表 6-1　关键要素成员与非关键要素成员之间要素合作博弈矩阵

关键要素成员	非关键要素成员	
	主动合作 y	非主动合作 $1-y$
主动合作 x	$(I_1+S_1-a_1C,\ I_2+S_2-a_2C)$	$(I_1-a_1C,\ I_2)$
非主动合作 $1-x$	$(I_1,\ I_2-a_2C)$	$(I_1,\ I_2)$

第一种情况，如果要素合作双方都主动参与合作社内部要素合作，即（主动合作，主动合作）策略，会带来合作收益的增加 S，S_1 和 S_2 分别为二者的合作增益。这个时候关键要素成员的利润为 $I_1+S_1-a_1C$，非关键要素

成员的利润为 $I_2+S_2-a_2C$。

第二种情况，如果关键要素成员选择主动合作，而非关键要素成员选择非主动合作，合作社同样也不会产生由于共同努力而带来的合作增益 S，此时非关键要素成员的利润为 I_2，而关键要素成员会损失要素投入 a_1C，最终利润为 I_1-a_1C。

第三种情况，如果非关键要素成员选择主动合作，而关键要素成员选择非主动合作，合作社不会产生由于共同努力而带来的合作增益 S，此时关键要素成员的收益为 I_1，且非关键要素成员会损失要素投入 a_2C，利润为 I_2-a_2C。

第四种情况，关键要素成员与非关键要素成员之间在（非主动合作，非主动合作）策略下，也就是二者都不参与合作社内部的要素合作，此时各自所得利润是 I_1、I_2。

本书假设在最初情况下关键要素成员采用"主动合作"行为的概率为 x，采用"非主动合作"的概率为 $1-x$。非关键要素成员采用"主动合作"行为的概率为 y，采用"非主动合作"的概率为 $1-y$。则关键要素成员和非关键要素成员的博弈矩阵见表 6-1。

6.2 模型分析

6.2.1 复制动态方程

根据上文所述，关键要素成员采用"主动合作"行为时的期望支付是

$$U_{11} = y(I_1 + S_1 - a_1C) + (1 - y)(I_1 - a_1C) 。 \tag{6.1}$$

采用"非主动合作"行为时，其期望支付则为

$$U_{12} = y I_1 + (1 - y) I_1 \tag{6.2}$$

由此可计算出关键要素的平均期望支付是

$$U_1 = x U_{11} + (1 - x) U_{12} = xy S_1 - x a_1 C + I_1 \tag{6.3}$$

根据同样的计算思路，可知非关键要素成员采取"主动合作"行为时的期望支付是

$$U_{21} = x(I_2 + S_2 - a_2C) + (1 - x)(I_2 - a_2C) \tag{6.4}$$

非关键要素成员如果采取"非主动合作"行为，其期望支付则为

$$U_{22} = x(I_2) + (1 - x) I_2 \tag{6.5}$$

故非关键要素成员的平均期望支付为

$$U_2 = y\,U_{21} + (1 - y)\,U_{22} = xy\,S_2 + y\,a_2C + I_2 \qquad (6.6)$$

假设关键要素成员在参与博弈过程时存在有限理性，但其会认知以前策略的不当之处，然后不断学习、模仿、试错来调整自己的行为策略。这样可以得到关键要素成员随时间 t 变化的复制动态调整方程 $F(x)$

$$F(x) = \frac{dx}{dt} = x(U_{11} - U_1) = x\,[\,U_{11} - (x\,U_{11} + U_{12} - x\,U_{12})\,]$$

$$= x(1 - x)\,(U_{11} - U_{12}) \qquad (6.7)$$

经过计算，可以得到

$$F(x) = x(1 - x)\,(S_1 y - a_1 C) \qquad (6.8)$$

采用相同的计算过程，可以得到非关键要素成员在时间 t 的复制动态调整方程 $F(y)$

$$F(y) = \frac{dy}{dt} = y(U_{21} - U_2) = y(1 - y)\,(U_{11} - U_{12}) \qquad (6.9)$$

$$F(y) = y(1 - y)\,(S_2 x - a_2 C) \qquad (6.10)$$

根据方程式（6.8）和方程式（6.10），可以研究关键要素成员和非关键要素成员参与农民专业合作社生态位演化的策略。演化系统均衡点的稳定性由该系统的雅克比矩阵局部稳定性分析得到。对方程式（6.8）和方程式（6.10）分别对 x 和 y 求偏导，得出

$$F'(x) = (1 - 2x)\,(S_1 y - a_1 C) \qquad (6.11)$$

$$F'(y) = (1 - 2y)\,(S_2 x - a_2 C) \qquad (6.12)$$

设方程式（6.11）和方程式（6.12）的雅克比矩阵 J，则有

$$J = \begin{vmatrix} (1 - 2x)\,(S_1 y - a_1 C) & x(1 - x)\,S_1 \\ y(1 - y)\,S_2 & (1 - 2y)\,(S_2 x - a_2 C) \end{vmatrix}$$

将雅克比矩阵的行列式记为 DET (J)

$$\text{DET}(J) = (1 - 2x)\,(1 - 2y)\,(S_2 x - a_2 C)$$
$$(S_1 y - a_1 C) - xy\,S_1 S_2 (1 - x)\,(1 - y) \qquad (6.13)$$

得到雅克比矩阵的迹 TSAL (J)

$$\text{TRAL}(J) = (1 - 2x)\,(S_1 y - a_1 C) + (1 - 2y)\,(S_2 x - a_2 C) \qquad (6.14)$$

由此可知矩阵中行列式的值和符号以及迹的值和符号，然后再来分析雅克比矩阵的稳定性。

6.2.2 均衡点稳定性分析

根据雅克比矩阵方程稳定性条件，要使博弈主体有进化稳定策略，就要分别令方程式（6.8）和方程式（6.10）等于0，求解微分方程得到 $x_1 = 0$，$x_2 = 1$，$y = a_1 C / S_1$；$y_1 = 0$，$y_2 = 1$，$x = a_2 C / S_2$。据此找到使农民专业合作社关键要素成员和非关键要素成员可能达到进化稳定状态的解，分别得到：$E_1(0, 0)$、$E_2(1, 0)$、$E_3(0, 1)$、$E_4(1, 1)$ 和 $E_5(a_2 C / S_2, a_1 C / S_1)$。将这5个点的取值分别代入方程式（6.13）和方程式（6.14），通过计算，得出均衡点局部稳定性分析表（见表6-2）。

由表6-2可知，在5个局部平衡点中，$E_1(0, 0)$ 和 $E_4(1, 1)$ 点具有局部稳定性，对应着总群体的演化稳定策略ESS。点 $E_1(0, 0)$ 表示在总群体达到演化稳定时，两类子群体的个体都选择"非主动合作"策略，这时"非主动合作"是唯一的进化稳定策略。$E_4(1, 1)$ 表示在总群体达到演化稳定时，两类子群体中的个体都采取"主动合作"策略，这时"主动合作"是唯一的演化稳定策略。而 $E_2(1, 0)$、$E_3(0, 1)$ 和 $E_5(a_2 C / S_2, a_1 C / S_1)$ 点是该演化系统的不稳定均衡点，其中 $E_5(a_2 C / S_2, a_1 C / S_1)$ 为鞍点，它们之间存在着不同的演化路径。

表6-2　均衡点局部稳定性分析

平衡点	J 的行列式	符号	J 迹	符号	稳定性
$E_1(0,0)$	$a_1 a_2 C^2$	+	$-(a_1 + a_2) C$	−	稳定
$E_2(1,0)$	$a_1 C(S_2 - a_2 C)$	+	$S_2 + (a_1 - a_2) C$	+	不稳定
$E_3(0,1)$	$a_2 C(S_1 - a_1 C)$	+	$S_1 - (a_1 - a_2) C$	+	不稳定
$E_4(1,1)$	$(S_1 - a_1 C)(S_2 - a_2 C)$	+	$(a_1 + a_2) C - S_1 - S_2$	−	稳定
$E_5\left(\dfrac{a_2 C}{S_2},\ a_1 C / S_1\right)$	$-(S_2 - a_2 C)(S_1 - a_1 C) / S_1 S_1$	−	0		鞍点

注：本书假定博弈矩阵中涉及的参数均大于0。

通过对农民专业合作社关键要素成员和非关键要素成员演化均衡的计算，得知两个稳定均衡解 $E_1(0, 0)$ 和 $E_4(1, 1)$ 具有局部稳定性。$E_1(0, 0)$ 说明无论是关键要素成员还是非关键要素成员，最初的合作意愿都不强烈，关键要素成员可能是想获取政策支持、得到政治资源等其他意图，而非关键要素成员是为了"搭便车"占点便宜，或是刚开始大家有一定的合作愿望，但是在合作过程中某一方选择了利己主义和"搭便车"。短期内双方博弈的结果是一方达到了"利益最大化"的状态，而另一方不但没有获益，反而有更多的额外成本支出。长期来看，利益损失方通过学习和模仿，也会选择"非主动合作"行为来止损。大家都渐渐地放弃"主动合作"而选择"非主动合作"行为，最终伤害到合作组织，甚至导致合作组织消亡。这种合作关系演化见图6-1。

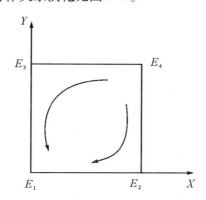

图6-1　E（0，0）时关键要素成员和非关键要素成员的合作演化

E_4(1，1) 说明农民专业合作社的关键要素成员和非关键要素成员都意识到合作能够实现资源互通有无，增加彼此获益，从而都具有强烈的合作意愿。关键要素成员和非关键要素成员通过专业化分工与协作，发挥出各自的比较优势。对于农业生产来说，非关键要素成员掌握的资源要素是农民专业合作社不可或缺的，关键要素成员则掌握了当前生态位下最为重要的资源要素，双方通过开展合作实现共同经营，长短结合，优化资源配置，进而达到生产的帕累托最优状态。由于在实际的生产经营中，合作社成员的合作能够带来更多剩余，且剩余的分配合理，没有内部剥夺，两类合作社成员竞相模仿和学习"主动合作"的策略，最终双方演化博弈收敛于 E_4(1，1)。（主动合作，主动合作）行为组合的合作演化关系见图6-2。

6.2.3　非稳定均衡点和鞍点分析

由前文的计算推导，可以得出 E_2(1，0)、E_3(0，1) 是该演化系统的不稳定均衡点，E_5($a_2 C / S_2$，$a_1 C / S_1$) 是鞍点。接下来本章根据大量随机个体无限次重复博弈演化趋势（见图6-3）来进行分析。

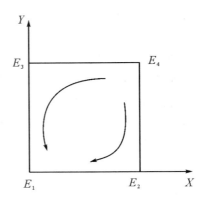

图 6-2 E（1，1）时关键要素成员和非关键要素成员的合作演化

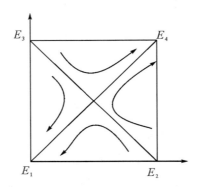

图 6-3 关键要素成员和非关键要素成员博弈复制动态

从图 6-3 可知中，由 E_2、E_5 和 E_3 构成的折线，是群体动态演化博弈达到均衡后个体选择不同策略的分界线，它把合作中的群体演化空间分为两个区域 $E_1E_2E_5E_3$ 和 $E_3E_5E_2E_4$。在 $E_1E_2E_5E_3$ 区域，系统将收敛于 $E_1(0，0)$ 点，"非主动合作"策略成为演化稳定策略；在 $E_3E_5E_2E_4$ 区域，系统将收敛于 $E_4(1，1)$ 点，"主动合作"策略是唯一的演化稳定策略。由此可见，从参与合作的农民专业合作社关键要素成员和非关键要素成员中随机选择博弈对象，长期的博弈将会向两个方向演化：群体全部成员要么都选择"非主动合作"，要么都选择"主动合作"。在图 6-3 中，农民专业合作社的关键要素成员和非关键要素成员在哪点会选择"主动合作"或"非主动合作"取决于鞍点 E_5 的位置。而鞍点 $E_5(a_2C/S_2，a_1C/S_1)$ 的位置表示关键要素成员的取值为 a_2C/S_2，非关键要素成员的取值为 a_1C/S_1。农民专业合作社的关键要素成员与非关键要素成员在演化博弈中，系统逐渐收敛于哪个点，取决于合作的总成本 C，成本分摊的比例 $a_1 : a_2$，以及合作剩余的分配比例 $S_1 : S$。

非稳定均衡点和鞍点的参数关系表明，农民专业合作社的关键要素成员与非关键要素成员要达成良好的合作关系，必须满足两个基本条件：

第一，合理配置资源和分摊成本是合作的重要条件。资源配置和成本分摊形成了农民专业合作社内部成员间的依赖关系，新制度经济学认为人们的相互依赖性是有效利用稀缺资源的一种基本形态。$a_1 C / S_1$ 表示农民专业合作社的关键要素成员总投入在其分享的额外收益中所占的比重。由于农业具有的特殊性，农民专业合作社关键要素成员投入要素资源往往具有很强的专用性。$a_1 C / S_1$ 的数值越大说明关键要素成员投入的专用性成本越多，非关键要素成员会认为关键要素成员选择"主动合作"策略的动机更加可靠。同理，$a_2 C / S_2$ 代表了非关键要素成员投入的要素资源在其额外收益中所占的比重，比重越高说明非关键要素成员更可能主动合作的。如果参与合作各方不能共同承担和合理分摊成本，就有可能出现点 $E_2(1, 0)$ 和 $E_3(0, 1)$ 的不稳定状态。因此，吸引农民专业合作社非关键要素成员的投资以形成良好的产权结构，可以强化合作社成员间的相互联系，形成"风险共担，利益共享"的利益共同体，是实现合作顺利进行的有效保障。

第二，合作剩余的分配是关系合作成败的关键因素。合作比不合作对各方都更加有利是合作出现的首要条件。"合作剩余"的大小往往是用来衡量合作制度效率的重要考量因素。合作博弈所要解决的关键问题就是如何基于效率和公平的原则来分配合作所带来的剩余。如果合作中的双方都是自私自利的，都想着瓜分最大化的合作剩余，就会由合作博弈走向非合作博弈，出现"囚徒困境"。鞍点 $E_5(a_2 C / S_2, a_1 C / S_1)$ 本身就说明了农民专业合作社关键要素成员和非关键要素成员分别对对方成本—收益关系的敏感性：假如关键要素成员拿走剩余 S_1 在合作总剩余 S 中的比重越高，则对非关键要素成员而言 $a_1 C / S_1$ 的取值越小，那么非关键要素成员选择"主动合作"策略的比例越低；同理，如果非关键要素成员拿走的剩余 S_2 在合作总剩余 S 中的比重越高，那么关键要素成员选择"主动合作"策略的比例越低。长期来看，合作将无法维持。因此，合理分配合作剩余、参与者着眼于长远利益而不是眼前利益、给背叛者以适当的惩罚是合作能够长期维持的基础。

6.3 案例实证

6.3.1 案例基本情况与调研过程

在写作本书的筹备过程中，笔者深入调查了威远县大棚蔬菜种植农民专业合作社。该合作社以向义镇蔬菜产业化基地为依托，由四方村、水口村、向万村、大山村等村的 25 名蔬菜生产经营户于 2012 年 12 月 24 日创办，目前共有 218 个合作社成员，出资额合计 135.51 万元。合作社以成员为服务对象，依法为成员提供产前、产中、产后的技术、信息、生产资料购买和产品的销售、加工、运输、贮藏等服务，其业务活动范围包括蔬菜种植、农资购买、产品销售、技术培训等。近年来其先后被授予内江市"十佳农民专业合作社"、市级示范社、省级示范社等荣誉称号。随着合作社的发展，合作社主动吸纳了蔬菜经销商、农资经销商为社员，制定了严格的按惠顾额返还盈余的制度，即蔬菜经销商社员每收购 1 斤（1 斤＝0.5千克，下同）蔬菜，要额外支付 5 分钱的保证金，这个保证金用于合作社的日常事务，到年终按惠顾额返还蔬菜经营户 3 分钱、蔬菜经销商 2 分钱。合作社还创建了当地蔬菜批发市场，理事会对蔬菜价格进行指导，当地蔬菜价格甚至影响到川南泸州、宜宾等地。大棚蔬菜种植农民专业合作社是少见的"真正的合作社"，即按合作社质的规定性"按惠顾额返还盈余"的合作社。而且该合作社内部成员来源多样，既有蔬菜生产经营户，又有蔬菜经销商和农资公司，存在着较为深入广泛的内部多要素合作。本案例具有案例研究所要求的代表性、典型性，以其为案例研究能从中发现带有典型意义的研究结论。因此，本章将大棚蔬菜合作社的情况融入关键要素合作演化变异机制的理论阐释。

笔者对威远县大棚蔬菜种植农民专业合作社的实地调研分两次进行，具体过程为：第一次调研，与合作社创办人余家林进行了深度访谈，访谈时间长达 3 小时，对合作社创办过程、成员构成情况、发展各阶段面临的突出问题及合作社的具体运营管理制度等进行了全面了解；第二次调研，与现任合作社理事长、副理事长及部分合作社社员进行深度访谈，访谈时间长达 4 小时，对合作社发展现状、多要素合作存在的问题及未来发展规划等进行了全面了解。在这两次调研过程中，笔者现场参观了合作社大棚蔬菜种植基地、蔬菜批发交易市场、气调库等。为保证调研信息的准确性，笔者也对威远县农业农村局局长、总农艺师等领导以及乡村振兴股、园区规划与特色产业发展股、农村合作（宅基地）股等职能科室的科长（股长）进行了访谈。此外，笔者还通过报纸、网络等媒介进行了多方资料"印证"。

6.3.2　成员间要素合作演化博弈

威远县向义镇位于县城东南部，与自贡市接壤，当地农户长期来都有种植蔬菜的传统，从而形成了一个以向义镇为中心、辐射内江、自贡、乐山一带的重要的蔬菜集散地。但长期以来，农户分散经营，缺乏统一组织，在蔬菜收购中受到菜贩子的肆意压价。分散的农户与强势的菜贩子之间的博弈，农户在市场议价中完全处于弱势地位，只能被动接受菜贩子的不合理报价。后来农户慢慢意识到，要想在与菜贩子的博弈中获得相对均衡的地位，就必须联合起来，成立蔬菜种植农民专业合作社。在此背景下，时任村党支部书记的余家林凭借个人的社会资本和企业家精神，依托向义镇蔬菜产业化基地，联合四方村、水口村、向万村、大山村等村的25名蔬菜生产经营户创办了威远县大棚蔬菜种植农民专业合作社。同时余家林利用个人影响力，联合当地主要的蔬菜经销商建立蔬菜供需和价格信息群，及时发布当地蔬菜批发市场价格，成为当地乃至川南一带蔬菜市场供求的信息汇集地和蔬菜市场价格的"晴雨表"，极大地改变了以前分散小农户参与市场因信息不对称而带来的被动"挨宰"局面。总之，在这一合作博弈过程中，合作社领办人为村干部，拥有技术和信息优势以及动员、组织当地劳动力的能力，成为合作博弈中理所当然的关键要素成员，而普通农户拥有土地资源要素，由于土地资源要素不是关键要素，在合作博弈中，农户属于非关键要素成员。在这一合作博弈中，关键要素成员希望成立合作社带动农户共同致富，而非关键要素成员希望有能人挑头联合起来对抗菜贩子的压价行为，由于对外的目标诉求一致，再加上合作社领办人为基层党支部书记，具有较高的个人威信，因此双方均采取了主动合作行为，即形成了（主动合作，主动合作）的演化稳定策略。

随着前期加入合作社带来看得见的"合作增益"，越来越多的蔬菜种植专业户选择加入威远县大棚蔬菜种植农民专业合作社，合作社的社员数从成立之初的25户很快扩充到218户。合作社的规模扩大后，扩大经营范围和拓展市场销路，延伸产业链、价值链，成为合作社进一步发展的重中之重，也就是说此生态位下资金成为关键要素。在此情况下，如果继续坚持原有发展思路，仅仅依靠当地农户出资，显然难以满足发展的需要。在合作社理事长余家林的带领下，内部成员很快统一思想，决定坚持开放办社、利益共享的原则，吸收了一大批资金实力相对雄厚的非农户加入合作社，这其中包括出资超过 5 万元以上的较大规模的蔬菜经销商、农资经销商和威远县新店供销股份合作社。很快合作社利用关键成员出资、示范社建设项目资金以及其他财政补助资金，盖起了面积近 1 000 平方米、单日最高蔬菜出货量可达 260 吨的蔬菜交易市场，并建起了蔬菜气调库，购置了蔬菜清洗、筛选、脱水、包装等设施设备。在这一合作博弈过程中，由于出资建设的蔬菜交易市场和统一购置的设施设备具有较强的专用性，新加入合作社成员成为关键要素成员，而原有的合作社成员则变为非关键要素成员，一个显著的例子是原合作社理事长余家林主动让出合作社理事长一职，该职位由出资额更高的陈文忠担任。关键要素成员将产业链条中的农资经销商、蔬菜种植农户、蔬菜经销商等利益相关者的资源要素进行了有效整合，实现了要素优化配置和合理分摊成本的效果。

就威远县大棚蔬菜种植农民专业合作社而言，关键要素成员加入，需要对合作社原有的利益分配关系进行适当调整。否则，如果非关键要素成员索取更多，那么关键要素成员就倾向于退出合作；如果关键要素成员索取更多，那么非关键要素成员也倾向于退出合作。协调二者关系的关键是构建效率与公平兼顾的合作剩余分配机制。为此，该合作社对原有的合作社章程进行了修正，并于 2018 年 11 月 12 日召开全体股东大会予以通过，在新章程的第四十六条明确规定"扣除当年生产经营和管理服务成本，提取公积金、公益金和风险金后的可分配盈余，经成员大会决议，按照下列顺序分配：①股份分红或者股息支付；②按成员与本组织业务交易量（额）的比例分配"，并规定"成员分得的股份红利或者股息，可以被首先用于冲抵该成员欠缴的股份金额"。同时，为了实现合作社可持续发展，也做出了"从当年盈余中提取百分之八的公积金，用于扩大再生产、弥补亏损或者转为成员出资""从当年盈余中提取百分之八的公益金，用于成员的技术培训、合作知识教育以及文化、福利事业和生活上的互助互济""从当年盈余中提取百分之二十的风险金，用于弥补成员生产经营中遭遇的自然风险和市场风险""由国家财政直接扶持补助形成的财产，不得作为可分配剩余资产分配给成员""本组织独资或者与外单位联合兴办的经济实体，实行独立核算"等规定。此外，合作社还规定对于"不遵守本组织章程、内部管理制度，不执行成员大会决议，不履行成员义务，经教育无效的"社员，经成员大会讨论通过予以除名。这一剩余分配机制较好地兼顾了关键要素成员与非关键要素成员的合法权益，较好地调动了二者参与合作的积极性，有助于合作社长远发展。

6.4　本章小结

本章将不同生态位下合作社的要素合作参与者分为关键要素成员和非关键要素成员两类，将合作社多要素合作简化理解为关键要素与非关键要素之间的合作，通过构建关键要素和非关键要素合作博弈演化模型，从组织生态位视角重点探究促使不同生态位下关键要素演化博弈过程的内在驱动动力，即合作社成员关键要素合作的变异机制。经过系统分析后发现：①农民专业合作社的内部多要素合作机制是否持续朝着健康的方向发展与各参与主体的动机和行为密不可分。参与主体下一时刻的策略选择，与博弈另一方的选择和上一次的博弈结果有很密切的关系。博弈双方不断的试错、学习和模仿，能够达到某一个程度的稳定均衡。因此，要形成良好的合作机制就必须在合作社内部关键要素成员与非关键要素成员之间形成良好的合作愿望和预期，提高合作社管理者对资源整合的能力，合理设计激励和约束机制。②组织惯性和资源专一性是影响合作社成员关键要素合作的两个主要因素。组织惯性有利于初创期生态位下合作社的发展壮大，但随着合作社的不断发展壮大，组织惯性反过来成为合作社生态位跃迁的"羁绊"；因关键要素投入合作而形成的资源专一性越弱，其他关键要素加入要素合作的难度就越小，合作社生态位跃迁就越容易；资源专一性越强，其他关键要素加入要素合作的难度就越大，合作社生态位就越难以跃迁。③关键要素成员的加入，需要对合作社原有的利益分配关系进行适当调整。否则，如果非关键要素成员索取更多，那么关键要素成员就倾向于退出合作；如果关键要素成员索取更多，那么非关键要素成员也倾向于退出合作。协调二者关系的关键是构建效率与公平兼顾的合作剩余分配机制。

7 农民专业合作社生态位演化：多要素合作的保留机制

根据组织生态学观点，新进入的企业，由于所拥有的资源和网络关系及成长所需要的信誉有限，不具有冗余的资源和特殊的管理能力，因此面临着新进入缺陷的威胁（liability of newness）（Edith，1959）。受资源禀赋特征方面局限性的影响，新成立的组织失败的可能性较高（Carroll & Delacroix，1982；Hager et al.，2004），此时如果采取合法化的惯例行为则有助于实现其生存和发展（Shepherd & Zacharkis，2003；Tornikoski & Newbert，2007）。实证检验证明，企业在创业初期，相比被动的资源禀赋的依赖，主动的合法化行为更能够促进企业的生存和生长（Tornikoski & Newbert，2007）。针对合作社而言，当合作社因关键要素加入而进入新的生态位后，很快面临处于同一生态位或更高阶生态位的其他合作社的资源争夺，作为后进入者，合作社的资源争夺能力有限，此时首要的是必须解决生存问题。也就是说合作社生态位分离后，农民专业合作社能否解决"新进入缺陷的威胁"，顺利度过其生存和发展的危险期，取决于主动的保留机制。保留机制，即合法性获取机制。合法性是组织重要的隐形资产和资源获取机制，是由社会规范、规则和价值观等建构的社会结构系统对组织行为可取性、恰当性和合意性的感知或预期（Suchman，1995）。

作为一种兼具合作共同体与企业双重属性的组织形式，农民专业合作社也可以看成是一类组织有机体（赵国杰、郭春丽，2009；陈莎、陈灿，2013），存在于企业组织的保留机制是否也适用于农民专业合作社呢？国内外学者认为合作社构建保留机制，有助于组织接近并动员关键资源（Tornikoski et al.，2007），增强内部与外部利益相关者的认可度（Washington et al.，2005），破解资源禀赋局限和潜在约束，增强效率性机制的累积效应（Scott，1995），是作为开放性系统的组织应对制度压力和获取稀缺性资源的重要道路（崔宝玉、孙迪，2019）。上一章分析得出，关键要素成员与非关键要素成员演化博弈过程，导致合作社从低阶生态位分离到更高位阶生态位，生态位分离即是合作社组织形态的变异。本章在上一章分析的基础上，以兴文县 HQ 粮油种植专业合作社、江油市 SL 种养殖农民专业合作社联合社为案例，着重探究农民专业合作社在四种生态位下合法性的获取有何演变规律，即解答组织演化机理的"如何演化"的问题，也就是要回答"农民专业合作社关键要素合作演化后如何获得生存与发展机会"的问题。

7.1　农民专业合作社关键要素合作的合法化维度

组织合法性被用于衡量组织行为在某一社会结构的标准体系、价值体系、信仰体系和定义体系内是否是合意与正当的（Suchman，1995）。对组织合法化维度的划分，目前主要有 Aldrich 和 Fi-ol（1994）、Suchman（1995）以及 Scott（1995）所持有的三种观点（杜运周，2009），其中最具影响力、被学者广泛采用的是 Scott 在 1995 年提出的组织合法性维度观点，将组织合法性划分为管制合法化、规范合法性、认知合法性三个方面。理论界已有少数学者对农民专业合作社组织合法性问题进行过一定研究，如张琛、孔祥智（2018）依照 Scott（1995）划分标准，将合作社组织合法性划分为合作社认知合法性、合作社管制合法性和合作社规范合法性，深入研究了合作社成长演化机制；崔宝玉、孙迪（2019）从规制合法性、实用合法性、规范合法性和认知合法性 4 个维度探究了农民专业合作社联合社合法性的动态获取机制；等等。在借鉴现有研究成果的基础上，本章将合作社合法性划分为管制合法性、利益相关者合法性、认知合法性三类，并分别从这三个层面对不同生态位下农民专业合作社关键要素合作的合法性机制进行深层次探究。

（1）合作社管制合法性。

管制合法性来自由政府、认证协会、专业团体，以及主导的组织创建的法规、规章、标准和期望（Scott，1995）。合作社管制合法性的行为主体是政府部门、行业协会等外部权威机构，如从上到下对合作社行使管辖权的主管机构（国家农业农村部、省农业农村厅、市县农业农村局）以及农民专业合作社协会组织；合作社管制合法性的外在表现为法规、规章、标准和期望，在农民专业合作社领域包括政府主导制定的农民专业合作社法、示范社创建条件、要素市场改革方向等各类政策，以及农民合作社领域各类协会制定的约束生产经营活动的发展规范、规则或标准；合作社管制合法性行为的动力源为行为主体的权威性，也就是说合作社管制合法性具有较高的外部权威性。

（2）合作社利益相关者合法性。

利益相关者合法性来自社会的标准和价值观，或者同企业相关的社会环境，如盈利能力、员工的公平待遇等（Zimmerman & Zeitz，2002）。利益相关者合法性行为的主体和动力源均为利益相关者，利益相关者包括组织内部利益相关者和组织外部利益相关者。合作社内部利益相关者，主要包括合作社资源要素投入者（即合作社成员），特别是不同生态位下关键要素投入者。合作社外部利益相关者，包括与合作社存在直接经济行为的相关主体（生产资料供应商、农产品销售商等）。合作社利益相关者合法性行为的外在表现为合作社自身盈利能力较强、关注成员福利，其行为契合公认的社会标准和社会价值。

（3）合作社认知合法性。

认知合法性来自广泛持有的信念和理所当然的日常行为惯例，以及由不同的专业和科学机构提供的更专业化的、明确的、成文的知识和信仰体系（Scott & Meyer，1994），即企业要认识到同它们相关的这个系统里，它们的角色是什么，它们要做什么，何种结构特征可以被接受（Zimmerman & Zeitz，2002）。针对合作社而言，认知合法性行为的主体是合作社服务消费者、所在农村社区，外在表现为上述市场主体对合作社运行的理解和认知程度，行为动力源为社会公众。需要特别指出的是，少数拥有社会资本的关键要素拥有者往往在当地农户眼中具有较高的话语权和示范带动作用，本书特别将这部分群体的影响力也看作是合作社的认知合法性。

7.2 案例选择的原因及调查过程

7.2.1 案例选择的原因

本章案例选取遵从了艾森哈特（Eisenhardt，1989）和尹（Yin，1994）所提出的案例选择两原则，即：选择突出、极端的案例以便于比较；多案例研究要么能产生相同的结果（逐项复制，literal replication），要么由于可预知的原因，而产生与前一研究不同的结果。据此，本章选取上述 2 家农民专业合作社（或联合社）为案例研究对象，其中兴文县 HQ 粮油种植专业合作社为主案例，江油市 SL 种养殖农民专业合作社联合社为辅案例。案例选择的典型性体现为：①均具有组织生态系统的典型性。兴文县 HQ 粮油种植专业合作社为种植业专业合作社中的典型代表，以此为主案例分析，可以从中较完整地反映出种植业合作社合法化机制问题；同时江油市 SL 种养殖农民专业合作社联合社为国家级示范社，主营业务横跨种植业、养殖业及农产品加工、销售等业务，对多要素合作提出更高的要求，以这家合作社为参照，有助于对主案例研究得到的结论进行饱和度检验。②均具有组织生态位的完整性。本章所选择的 2 家合作社创立的时间均相对较早，都有超过 10 年的发展历程，经历了比较完整的生态位分离，对这 2 家合作社进行深入研究，有助于比较清晰地看出合作社生态位分离后合法化机制的演变规律。③均具有案例研究所要求的典型性。这 2 家合作社都是国家级示范社，合作社带头人均获得过各种荣誉，都曾经是当地乃至全省、全国发展较为成功、机制较为规范、得到利益相关者支持力度较大的合作社之一，占据了当地合作社发展的有利生态利基。以其来研究合法化问题，其样本选择具有较好的典型性。

在案例信息的收集过程中，遵循了"三角资料"检定法（Patton，1987），即案例信息的资料要来源于多个信息渠道，互相验证。案例信息收集围绕"农民专业合作社关键要素合法化机制"而展开，信息主要来源为：①问卷调查。通过问卷，从整体上了解案例合作社要素合作的基本情况，包括要素合作现状、满意度、存在的问题等。②深度访谈。了解案例合作社发展历程及每个发展阶段的生态位情况，针对问卷中反馈的问题做深入挖掘，如兴文县 HQ 粮油种植专业合作社被市场淘汰，访谈中就从合作社成员、村委会、乡政府、市县农业农村局以及农资供应公司、当地村民等多维度、全方位挖掘其被淘汰的深层次原因等。③合作社内部资料。其包括案例合作社章程、社员名册、社员出资情况、合作社历年工作总结与计划、社员代表大会会议记录等。④媒体资料。搜集的媒体主要包括报刊杂志等传统媒介，也包括中国期刊网、百度百科等网络渠道，收集的信息涉及案例合作社所获的各种荣誉、媒体对案例合作社的相关报道及对案例合作社领办人的采访等。

7.2.2 调研过程

对所选案例合作社，笔者均进行了长达数年的跟踪研究，其中兴文县HQ粮油种植专业合作社自2015年7月开始持续跟踪研究至今，江油市SL种养殖农民专业合作社联合社也是从2017年12月开始持续跟踪研究至今。同时，所选择的案例合作社成立时间均在2010年前后，其生态位分离横跨的周期相对并不长，因而选择这些合作社进行"解剖麻雀式"调研，在很大程度上能够有效规避因时间久远而导致案例数据丢失或失真的情况。在调研访谈中，将被访谈者划分为合作社内部利益相关者和外部利益相关者两个层次，采用"三阶段二次访谈"的方式，即初步开放式访谈和二次回馈式访谈。具体如下：一是合作社内部利益相关者初步访谈和回馈式访谈包括合作社理事长（社长）、理事会成员、监事会成员、普通成员等。例如，在对兴文县HQ粮油种植专业合作社的调研中，就分别跟合作社理事长、监事、普通成员等进行了深入访谈，所提的问题相对比较开放，如合作社的创办由来、主要发展阶段、资源要素获取的途径、现存的突出问题、下一步发展规划等，重在相互启发思维。同样，在对江油市SL种养殖专业合作社联合社进行访谈时，也先后与联合社理事长、副理事长、会计以及下属农民专业合作社社长等进行了深度访谈和回馈式访谈。二是外部利益相关者的初步访谈和回馈式访谈。继续对当地乡镇和村委干部、当地群众、农资供应商等外部利益相关者进行开放式访谈，在访谈的后半段时间，对从核心成员、普通社员等内部利益相关者处得到的一些信息和结论回馈给被访谈人员，从而得到被访谈者对该信息和结论的看法和补充。通过该方式可以筛选掉某些信息中的个人偏执观点，同时可以更好地激发被访谈对象的思路。案例合作社信息收集过程情况具体见表7-1所示。

表 7-1　案例合作社信息收集情况一览

类别	合作社名称	所属生态系统	主要经营领域	行业位置	被访谈人数	被访谈者职业	访问时间	内部资料	外部资料
主案例	兴文县HQ粮油种植专业合作社	种植业	粮油种植、加工、销售、乡村旅游等业务	国家级示范社	分2次访谈了8人	现任社长、监事、一般社员等内部利益相关者，及村干部、当地群众、农资供应商等外部利益相关者	约540分钟	5万字	0.9万字
辅案例	江油市SL种养殖农民专业合作社联合社	种养结合	种植业、养殖业及农产品加工、销售等业务	国家级示范社	分2次访谈了5人	联合社社长、下属合作社社长、社员等内部利益相关者，及省农业农村厅、市农业农村局、当地村干部与群众等外部利益相关者	约360分钟	3.5万字	0.6万字

7.3　农民专业合作社生态位的演化过程案例

7.3.1　兴文县 HQ 粮油种植专业合作社

兴文县 HQ 粮油种植专业合作社于 2009 年 3 月注册成立，注册地为兴文县大坝苗族乡 HQ 村四组，种植基地位于大坝苗族乡朝阳村、沙坝村，注册资本 150 万元，由大坝乡粮站下岗后从事大米加工业务的当地农村能人卢某文牵头成立。

7.3.1.1　初创期生态位

合作社成立之前，合作社创办人卢某文与别人合伙创办了一个小型大米加工企业，但当时当地的青壮年劳动力大量外出务工，土地撂荒严重，大米加工厂出现了"粮荒"问题。为解决大米加工厂的"粮荒"问题，稳定粮源，卢某文决定成立一家粮油种植合作社。刚成立时，在大坝乡政府和当地村委会的协调下，合作社从大坝苗族乡 3 个村、23 个村民小组、

537户农户手中流转了1 200亩土地，用以从事水稻和油菜种植，成为全县第一个流转土地从事粮油生产的合作社。但由于不懂科学技术，对病虫害防治不力，粮食品种单一，水稻倒伏严重，减产25%以上；再加之缺乏农业生产经验，大量雇佣劳动力进行生产，结果扣除人工成本后，合作社当年亏损严重。虽然说合作社在当地开创了流转土地规模化从事粮食生产的先河，也得到了当地政府的大力支持，但合作社刚成立就陷入了"生死"危机。

7.3.1.2　成长期生态位

从第二年开始，合作社吸取第一年亏损的教训，在政府部门和农业技术专家的帮助下，购置了旋耕机、水稻直播机、稻麦联合收割机、粮食专用烘干机等农用机械设备，并采取了先进的播种技术、除草技术、病虫害防治技术及烘烤技术，大大减少了农业价值链中对劳动力的需求量，节省了大笔人工成本。尤其是水稻、油菜直播技术，不仅平均每亩节省成本300元，还让水稻行距更标准、更科学，提高了水稻产量。农业机械化和先进生产技术的采用，使合作社第二年就一举实现扭亏为盈，成功从死亡边缘上又"活"过来了。鉴于合作社运行比较规范和创办人个人特质较具企业家精神，当地政府经过多方协调，将当地一家烟草公司退租的1 000亩土地整体流转给合作社经营，合作社经营的土地面积从而扩大到2 200多亩，规模得到进一步壮大。此后，合作社被省农业厅评为全省"五个第一"，即全省第一个非农种粮大户，全省丘陵区经营规模最大的种粮大户，全省最大的实现水稻全程机械化的种粮大户，全省第一个集生产、加工、销售于一体的种粮大户，全省第一个建立"粮食银行"的种粮大户。卢某文本人也连续三年被农业农村部评为"全国粮食生产大户"，先后受到了从中央到地方农业主管部门各级领导的接见。

7.3.1.3　成熟期生态位

随着合作社的快速发展，合作社所面临的生态位环境也越来越好。从2014年开始，兴文县农商银行创造性运用小贷技术，为合作社量身定制了以"土地预期收益权作保证担保"的贷款产品，先后累计为其发放贷款590万元，极大地解决了合作社发展的资金缺口。融资难题解决后，HQ粮油种植专业合作社迅速扩大产业规模，2017年时所经营的土地面积达到了2 870亩的峰值，辐射大坝苗族乡8个村、72个村民小组、4 200多户农户。除水稻、油菜种植和粮油加工外，合作社还积极响应农业供给侧结构性改革和乡村振兴战略实施，依托粮油基地推动一三产业融合发展，通过赏油菜花、稻田画、向日葵等发展乡村旅游。2016 年年初，合作社建成开业了十里坝乡农家乐，赏花期月营业收入能达到 30 万元；2017 年、2018 年，在地方政府的支持下，连续两年成功举办了大坝苗族乡童谣文化节，融入了"大坝高装"非物质文化、"苗族歌舞"民族文化、"童谣"民间文化、"大坝裹脚肉"美食文化，成为了当地知名度较高的乡村旅游品牌。在此期间，合作社先后被评为省级和国家级示范社，合作社创办人连续两年被评为宜宾市农村优秀人才，人民日报、四川日报、四川新闻网等媒体先后对合作社发展进行了大量的宣传报导。

7.3.1.4 分化期生态位

但从 2019 年开始，合作社发展的良好态势戛然而止，内部账务出现巨额亏损，因拖欠土地租金差点引发群体性事件，数百万银行贷款或私人货款无力偿还，此时期合作社的发展形势急转直下。究其原因，合作社在未充分进行市场调研的情况下，做出错误决策，贸然前往宜宾市李庄古镇举办童谣文化节，结果因异地举办导致游客人数稀少，亏损严重。这一错误决策引发了多米诺骨牌效应，自此，一系列问题全部暴露出来了，成为压垮合作社的最后一根稻草。至今，合作社承租的土地重新撂荒，创办人跑路后杳无音信，个人信用破产，合作社也名存实亡。

7.3.2 江油市 SL 种养殖农民专业合作社联合社

江油市 SL 种养殖农民专业合作社联合社由江油市弘旺生猪养殖专业合作社等 11 家种养殖农民专业合作社发起，于 2011 年 12 月经工商注册成立，注册所在地为江油市三合镇石岭新街。

7.3.2.1 初创期生态位

联合社社长王某全早年曾担任江油市三合镇畜牧兽医站站长、畜禽检疫站站长、"三合镇畜牧服务中心"主任，后下海创办江油市三旺农业科技有限公司和江油市弘旺生猪养殖专业合作社，并兼任江油市养猪协会会长、川北万头良种母猪繁育交易基地管理人。为整合农民专业合作社资源，实现农民专业合作社优势互补，进一步发挥规模经济和范围经济效应，王某全联合当地 11 家农民专业合作社发起成立联合社。很快联合社于2012 年 3 月被省农业农村厅（时为省农业厅）列为全省农民专业合作社联合社试点单位，成为全省唯一入选的联合社试点单位。从初创期生态位来看，显然创办人的社会资源和经济实力优势在合作社创立过程中起到了关键性作用，再加上得到省市级农业主管部门的重点扶持，从而很快就解决了创立时期的生存问题，顺利度过了"新进入缺陷的威胁"。

7.3.2.2 成长期生态位

联合社通过不断完善利益机制，与成员单位签订产供销和利益分享协议，实现了"八个统一"，即统一农业生产资料购销、统一农产品生产标准、统一质量管理体系、统一注册使用品牌、统一入市销售、统一风险分担、统一建立信息化平台、统一盈余分配。2014年，其被农业农村部（时为农业部）等八部委授予唯一一家农民专业合作社联合社国家级示范社。此时期的联合社成员单位迅速扩大到52个，其中有种植业合作社22个、养殖业合作社17个、生猪养殖场1个、农产品加工销售企业2个，等等。特别是为解决联合社内部成员之间的资金需求，2015年联合社发起组建了"江油市SL农村资金互助合作社"，被列为全省15家农村资金互助组织合作试点单位之一。从成长期生态位看，联合社因为其规范管理、为成员单位提供高质量服务，进一步得到国家主管部门的重点扶持，发展进入快速通道。

7.3.2.3 成熟期生态位

2017年新修订颁布的《农民专业合作社法》新增了"农民专业合作社联合社"条款，第一次将促进农民专业合作社联合社的发展写进合作社法。2019年开始，致力于联合社价值链延伸，挖掘当地特色文化资源，重点联合打造乡村旅游观光业，并定期联合成员单位"走出去"，扩大产品销路。此时期的联合社成员单位扩大到96家（并计划扩大到100家以上），基地农产品种植面积达9 000余亩，打造了20余个系列、100个特色品牌，年产值达4亿多元，其中2018年实现净利润23.55万元，向社员返利15.68万元。同时，成员单位之一的资金互助合作社累计向社员发放贷款2 000多万元。王某全本人也被省市评为"优秀农村人才"称号，当选为江油市科协第五届委员会委员。从成熟期生态位来看，合作社法的修订颁布，进一步为SL合作社联合社的发展提供了法律保障。

7.3.2.4 分化期生态位

2020年，当地供销合作社因国家政策调整的原因退出了联合社，部分注册成员单位也因没有实际运营而被主管部门取缔，目前联合社实际注册运行的农民专业合作社的数量由11个减少为5个，联合社成员单位数量也从近100家减少为约80家。同时，之前设立的4个农产品直销店也因连续亏损 16 万元而被迫关门。成员单位之一的江油市 SL 种养殖资金互助合作社，也因当地主管部门不同意继续开展资金互助合作试点，被迫暂时处于歇业状态，大部分入股成员抽逃了股本金，联合社向当地主管部门递交的复业申请也迟迟得不到批复。从发展现状看，联合社的发展正处于战略性收缩局面，发展规模减小，明显进入了分化期生态位。

7.4　理论模型构建

7.4.1　开放性编码

扎根理论是同时进行资料收集与编码的研究方法，包括开放性编码、主轴性编码和选择性编码等步骤。本章在主要通过访谈获取大量第一手资料的基础上，首先对主案例进行开放性编码①。开放性编码的目的是将收集到的原始资料进行分解、比较、贴标签，使之概念化和范畴化。这一步的关键是要不断提出问题，比较资料的异同，并根据逐步显现出的概念、范畴来进行理论采样，进一步搜集资料，再把新的资料与原有的资料和提炼的概念与范畴作进一步比较，从而发展出主要的范畴（周文辉，2015）。本案例所涉及的 8 位访谈对象为兴文县 HQ 粮油种植专业合作社现任社长、监事、一般社员等内部利益相关者，及当地 CY 村村干部、群众、农资供应商等外部利益相关者。这些人员对 HQ 粮油种植专业合作社的发展情况非常了解，对笔者所提问题给予了充分解答，为接下来的扎根理论分析提供了扎实的资料基础。

本章进行开放性编码的具体步骤如下：第一步，贴标签，即从对兴文县 HQ 粮油种植专业合作社主案例访谈中所得到的原始资料中，归纳整理出 125 个与"合作社关键要素合作合法化"主题相关的原始资料语句，并进行简化和初步提炼，即赋予 125 条标签（略）；第二步，概念化，即对这 125 条标签逐条进行抽象性归纳，将属于同一现象的自由节点归在同一树节点之下，形成 81 个树节点，也就是 81 个概念（见表 7-2），在这个过程中，结合实地考察、期刊文献、媒体报道等途径所得到的资料，反复斟

---

① 本章将 HQ 合作社调研所得的 5.9 万字的资料进行扎根理论分析，借助 Nvivo 11 软件对资料进行开放性编码，再进一步进行主轴性编码和选择性编码，最后构建出理论模型。

酚，对概念不断予以丰满；第三步，范畴化，即对81个概念做进一步分类和归纳，将看似与同一现象有关的树节点聚拢成一类形成新的树节点，将原来的树节点变成二级树节点，以此进一步提炼出29个副范畴（见表7-2），包括领办人特质、地方政府支持、合作增益、内部利益相关者支持、外部利益相关者支持、价值链条延伸、科学决策等。

表7-2　开放性编码例证

生态位位阶	访谈原始语句（赋予标签）	开放性编码	
		概念化	范畴化
初创期生态位	a1 以前在大坝乡粮站当粮食加工保管员，下岗后与他人合办大米加工厂	A1 社会资本	AA1 领办人特质
	a2 采取粮油轮作模式，夏秋种水稻、冬春种油菜，自己加工大米、榨油	A2 企业家精神	
	a3 相信卢总的实力，将土地流转给他没有顾虑	A3 农户信任	
	……	……	……
	a9 政府越来越重视"谁来种田"的问题，着力解决朝阳坝子土地撂荒问题	A8 政策引致推动	AA4 地方政府支持
	a10 村上找到卢总，希望他能够带着农民一起干	A9 政府信任	
	a11 由村干部带着去农户家做工作，土地流转顺利	A10 地方重视发展	
	……	……	……
	a18 飞虱防治不及时，加之品种单一造成倒伏，损失惨重	A16 技术投入	AA7 合作增益
	a19 大量雇佣劳动力导致人工支出过高，最后算账不赚反亏	A17 成本支出	
	a20 刚开始对成立合作社种植粮油想得太简单了	A18 合作认知	
	……	……	……

表7-2（续）

生态位位阶	访谈原始语句（赋予标签）	开放性编码	
		概念化	范畴化
成长期生态位	a32 采用农业机械方式生产，首次突破水稻、油菜直播技术，开始扭亏为盈	A26 经济效益	AA10 内部利益相关者支持
	a33 土地流转按照"保底收入+二次分红"方式获益	A27 利益联结	
	a34 建立起了完善的合作社内部管理制度	A28 管理制度	
	……	……	……
	a39 有很多地方的种粮大户前来参观学习	A32 行业认可	AA14 市场声誉
	a40 当时烟草公司退租的1 000亩土地，农户相信卢总的实力，都愿意让他接收	A33 农户信任	
	……	……	……
	a47 合作社生产的粮食获得了有机转换认证证书	A35 权威机构认证	AA16 权威部门或机构认可
	a48 合作社于2013年被当时的省农业厅评为全省"五个第一"	A36 政府认可	
	a49 各级领导或专家教授经常来基地考察或调研	A37 社会声誉	
	……	……	……

表7-2（续）

生态位位阶	访谈原始语句（赋予标签）	开放性编码	
		概念化	范畴化
成熟期生态位	a56 以土地预期收益在农商行作担保贷款590万元，这在以前是想都不敢想的事情	A40 农商行信任	AA18 外部利益相关者支持
	a57 先将肥料等农资拉到基地，等有收成了再付款	A41 供应商信任	
	a58 农户都愿意将土地流转给合作社，土地面积达到了近3 000亩	A42 当地社区认可	
	……	……	……
	a69 大面积种植油菜，形成了一片金黄色的花海，将朝阳坝子打造成了旅游景点	A50 乡村旅游	AA20 价值链条延伸
	a70 首届童谣文化节在十里坝乡成功举办，游客数量达十万余人次	A51 童谣文化节	
	a70 带动了周边农家乐发展，生意好能挣一二十万	A52 农家乐	
	……	……	……
	a95 合作社于2016年被评为四川省第六批农民合作社省级示范社	A61 省级示范社	AA23 合作社声誉
	a96 合作社成功注册"鲵源香"牌大米和菜籽油商标	A62 注册商标	
	……	……	……

表7-2(续)

生态位位阶	访谈原始语句（赋予标签）	开放性编码	
		概念化	范畴化
分化期生态位	a103 聘请的管理人员大多不懂农业	A66 决策能力低下	AA25 科学决策
	a104 贸然决策去李庄古镇举办童谣文化节，因经验不足，将之前赚的钱多数亏进去了	A67 管理决策失误	
	a105 必须搞清楚农业的本来属性，感觉卢总后来心思没有真正放在搞农业上	A68 合作社功能定位	
	……	……	……
	a111 拖欠了农资公司和信用社的不少钱	A73 信用危机	AA26 诚信缺失
	a112 农业装备公司将合作社告上法庭	A74 法律纠纷	
	……	……	……
	a119 因拖欠农户租金，当地村委已将土地全部收回，重新分租给其他种植大户	A77 收回土地	AA28 市场退出
	a120 政府也为合作社负责人跑路的事情感到非常头痛	A78 政府出面	
	……	……	……

7.4.2 主轴性编码

在开放性编码的基础上，再进行主轴性编码，对原始资料所包含的若干概念进行归纳与浓缩，依据概念之间的内在联系和类型关系对其进行合理的初步联结，即构建起扎根理论的典范模型（paradigm model）——"条件/原因—行动/策略—结果"的逻辑关系。其中，条件/原因是指某一现象发生的情境，行动/策略是指针对该环境或情境所采取的管理、处理及执行的策略，结果是指行动及互动的结果，而且某一行动/互动的结果，可能成为另一行动/互动发生的条件。具体过程为：将政府协调力度、政策支持力度、领办人特质、合作增益情况、权威部门或机构认可、内部利益相关者支持等29个副范畴进一步聚类为政府支持机制、企业家市场机制、组织声誉机制、内部合作增益机制、外部合作增益机制、管理创新机制、市场退出机制7个主范畴（见表7-3），从而使得主范畴和副范畴之间构建起假设性关系，也将原始材料有机统一起来了（见表7-4）。

表7-3　主案例合作社主轴性编码与对应的副范畴之间的逻辑关系

生态位位阶	主范畴	对应概念和副范畴		
		条件/原因	行动/策略	结果
初创期生态位	政府支持机制	鼓励扶持小农	协调土地流转	政策扶持
初创期生态位	企业家市场机制	下岗创业	敢为人先	带动共同致富
成长期生态位	组织声誉机制	规范管理、技术创新	权威机构认证	社会声誉提高
成长期生态位	内部合作增益机制	成本降低、惠顾额增加	内部利益相关者支持	利益联结机制紧密
成熟期生态位	外部合作增益机制	价值链条延伸	外部利益相关者支持	利益联结机制紧密
分化期生态位	管理创新机制	市场机会、重大问题	科学决策	生态位分离
分化期生态位	市场退出机制	诚信缺失	利益联结机制瓦解	退出市场

表7-4　主案例合作社主范畴的结构内涵

生态位位阶	主范畴	具体内涵
初创期生态位	政府支持机制	主案例合作社在当地政府的支持和协调下，赢得了大坝乡2个行政村农户的信任，采取先租地后付租金的方式从农户手中流转土地
初创期生态位	企业家市场机制	凭借创办人的企业家精神，主案例合作社成为整个兴文县第一个采用流转土地方式的农民专业合作社，还创造了全省"五个第一"
成长期生态位	组织声誉机制	在省市县各级政府及其他权威机构给予合作社（包括创办人自己）众多的支持项目、各类荣誉或认证，极大地提高了合作社的社会影响力

表7-4(续)

生态位位阶	主范畴	具体内涵
成长期生态位	内部合作增益机制	主案例合作社通过规范内部管理制度,采用机械化生产,进行技术创新,将合作社成本大幅降低,通过盈余分红等举措,增强了合作社内部成员之间的利益联结
成熟期生态位	外部合作增益机制	主案例合作社通过一二三产业融合发展,构建起与产业链各主体的利益分享和风险共担机制,实现了合作社的外部合作增益效果
分化期生态位	管理创新机制	由于缺乏充分的市场调查,凭借创办人的经验判断,草率地去外地举办风车节项目,最终导致主案例合作社陷入困境
分化期生态位	市场退出机制	由于合作社拖欠农户土地租金、供应商货款以及金融机构贷款数额巨大,无力偿付,导致合作社目前处于"名存实亡"状态

7.4.3 选择性编码

最后通过识别核心范畴,进行选择性编码。选择性编码的主要任务是识别出能够统领其他范畴的"核心范畴",并以"故事线"的方式把核心范畴和其他范畴系统地联结起来,通过资料与正在成型的理论进一步互动来完善各个范畴及相互关系,从而建立起更加缜密的扎根理论(蒋亚楠、陈亚男、王文亮等,2016)。通过对29个副范畴、7个主范畴的系统分析,用"不同组织生态位下农民专业合作社成员多要素合作的合法性获取"为核心范畴作为统领,因而可以这样来描述"故事线"(见图7-1):在初创期生态位下,合作社通过企业家市场机制、政府支持机制,获取生存所必需的管制合法性和认知合法性;在成长期生态位下,合作社通过组织声誉机制、内部合作增益机制,获取快速发展所必需的认知合法性和利益相关者合法性;在成熟期生态位下,合作社通过外部合作增益机制,获取合作社发展壮大的利益相关者合法性;在分化期生态位下,合作社通过管理创新机制或市场退出机制,要么实现合作社发展跃迁至更高生态位,获取利益相关者合法性,要么合作社就此退出市场(见表7-5)。

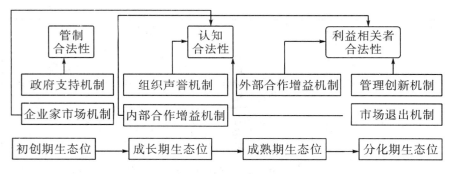

图 7-1　理论模型构建及各部分间关系

表 7-5　主案例合作社选择性编码的关系结构

生态位位阶	主范畴	关系结构
初创期生态位	政府支持机制	获取管制合法性
初创期生态位	企业家市场机制	获取认知合法性
成长期生态位	组织声誉机制	获取认知合法性
成长期生态位	内部合作增益机制	获取利益相关者合法性
成熟期生态位	外部合作增益机制	获取利益相关者合法性
分化期生态位	管理创新机制	获取利益相关者合法性
分化期生态位	市场退出机制	获取认知合法性

7.4.4　理论饱和度检验

进行理论饱和度检验的目的是确定什么时候停止采样的鉴定标准。为了检验上述扎根分析的饱和度，本章又对江油市 SL 种养殖农民专业合作社联合社辅案例进行了编码分析。具体分析步骤和过程跟上述主案例的分析过程完全一样（限于篇幅，对辅案例的详细分析过程略），也是首先进行开放性编码——贴标签、概念化、范畴化；其次依据"条件/原因—行动/策略—结果"的逻辑关系，进行主轴性编码；最后以"故事线"的方式把核心范畴和其他范畴系统地联结起来，进行选择性编码。在进行开放性编码和主轴性编码后发现，在对辅案例的扎根理论建构过程中，没有新的重要范畴和新的关系形成。由此可见，对主案例的扎根理论分析模型是饱和的，不需要引入新的案例来扩展研究。

7.5　本章小结

　　本章运用组织生态学中合法化理论，采用基于扎根理论的多案例分析，对兴文县 HQ 粮油种植专业合作社和江油市 SL 种养殖农民专业合作社联合社两个典型案例进行了深入分析，最后得到如下结论：①初创期生态位下，获取以合作社创办人企业家精神为主要内涵的认知合法化和获得各级政府及权威机构的支持为主要内涵的管制合法化是合作社顺利成立的关键因素。拥有企业家精神的少数农村能人领头创办农民专业合作社，往往更容易得到当地农户的信任和当地政府的支持，农户偏向将土地要素流转给合作社，并以劳动力合作方式参与合作社的生产经营活动。当地政府及权威机构给予合作社各种支持，如支持合作社顺利转入土地等，对合作社能够在初创期扎稳脚跟、奠定事业基础起到举足轻重的关键作用。②成长期生态位下，是合作社快速成长的关键因素。此时期能有省市县各级政府及其他权威机构给予合作社（包括创办人自己）众多的支持项目、各类荣誉或认证，极大地提高了合作社的社会影响力，有助于改善其发展的外部资源要素环境，相对更加容易获得成长期生态位所需的关键要素，帮助其快速占领有利的生态利基，获取认知合法性。合作社按照相关标准做好内部规范管理，包括制订完善意见一致的管理章程、建立健全内部管理和监督机制、构建紧密的利益联结机制，是合作社获得利益相关者合法性的必由之路。③成熟期生态位下，获得以外部利益相关者合法化为主要内涵的利益相关者合法化是合作社发展壮大的关键因素。此时期的合作社往往会采取横向一体化战略、纵向一体化战略或混合一体化战略不断走向发展壮大。横向一体化战略是指通过与当地其他专业合作社或龙头企业联合起来，组建农民专业合作社联合社，抱团闯市场、创品牌、增收益；纵向一体化战略是指通过与产业链上游的供应商、中游的服务商、下游的销售商建立起紧密的利益联结机制；混合一体化战略是指既有横向的合作社与合作社之间的联合，又有纵向的产业链价值链的融合。④分化期生态位下，合作社面临被市场淘汰、迈上新的更高生态位两个发展方向。此时管理创新机制的失败使合作社丧失利益相关者合法性，而市场退出机制则使合作社丧失认知合法性。因此，对于被市场淘汰的情况，所有的合法化机制均失去实际意义，合作社信用破产。对于迈上新的更高生态位的合作社，需要各级政府、行业协会等权威部门或机构给予新的政策供给，比如修订完善合作社法，赋予合作社在新的更高生态位下的合法化地位。

8 主要研究结论、政策建议及研究展望

8.1 主要研究结论

本书借鉴组织生态学、演化经济学、合作经济学等跨学科理论以及组织生命周期理论、组织生态位、合作经济理论等基础理论，通过构建农民专业合作社成员多要素合作演化分析框架，运用从四川省 287 家农民专业合作社的实地调研中获取的第一手数据，采取列联表、Wilcoxon 符号秩检验法、泊松回归模型、演化博弈论、扎根理论等研究方法，遵循"合作社生态位划分—合作社生态位识别—合作社生态位分离—合作社生态位演化"的逻辑主线，深入分析了处于不同生态位位阶下农民专业合作社的关键要素决定机制、关键要素合作演化的变异机制及其保留机制，系统地回答了"决定农民专业合作社生态位分离的关键要素有哪些？""促使农民专业合作社关键要素合作演化的变异机制是什么？""农民专业合作社关键要素合作演化后如何获得生存与发展机会？"三大问题，进而得到组织生态位视角下农民专业合作社成员多要素合作的动态演化规律。

主要研究结论如下：

（1）决定农民专业合作社所处生态位位阶的关键要素在各合作社生态位下呈现动态性差异。就面临的主要问题而言，在初创期生态位下为技术、劳动力和信息，在成长期生态位下为劳动力和资金，在成熟期生态位下为劳动力和技术，在分化期生态位下为技术和信息；就影响合作社多要素合作广度的因素而言，处于壮年期和文化程度更高的董事长更有利于合作社进行更多的要素合作，山区和丘陵区合作社以及示范社的要素合作数

量更多；就影响合作社多要素合作深度的因素而言，男性理事长更倾向于加强合作社内部多要素合作的深入发展，合作社理事长文化程度对劳动力要素合作、资金要素合作和管理要素合作的深度有正向影响，省级和市县级示范社的内部要素合作更为深入。

（2）农民专业合作社成员多要素合作机制是否持续朝着健康的方向发展与各参与主体的动机和行为密不可分。参与主体下一时刻的策略选择，与博弈另一方的选择和上一次的博弈结果有很密切的关系。博弈双方不断地试错、学习和模仿，能够达到某一个程度的稳定均衡。要形成良好的合作机制就必须在合作社内部关键要素成员与非关键要素成员之间形成良好的合作愿望和预期，提高合作社管理者对资源整合的能力，合理设计激励机制和约束机制。

（3）组织惯性和资源专一性是影响合作社关键要素合作的两个主要因素。组织惯性有利于初创期生态位下合作社的发展壮大，但随着合作社的不断发展壮大，组织惯性反过来成为合作社生态位跃迁的"羁绊"；因关键要素投入合作而形成的资源专一性越弱，其他关键要素加入要素合作的难度就越小，合作社生态位跃迁就越容易；资源专一性越强，其他关键要素加入要素合作的难度就越大，合作社生态位就越难以跃迁。

（4）关键要素成员加入，需要对合作社原有的利益分配关系进行适当调整。如果非关键要素成员索取更多，那么关键要素成员就倾向于退出合作；如果关键要素成员索取更多，那么非关键要素成员也倾向于退出合作。构建效率与公平兼顾的合作剩余分配机制是协调二者之间关系的关键。

（5）不同生态位下农民专业合作社获取生存与发展的保留机制存在不同。在初创期生态位下，获取以合作社创办人社会资本和企业家精神为主要内涵的认知合法化是合作社顺利成立的关键；在成长期生态位下，获得各级政府及权威机构的支持为主要内涵的管制合法化是合作社快速成长的关键；在成熟期生态位下，获得以内部和外部利益相关者的支持为主要内涵的利益相关者合法化是合作社发展壮大的关键；在分化期生态位下，对于面临被市场淘汰的合作社，所有的保留机制均失去实际意义，而对于迈上新的更高生态位的合作社，则需要权威部门或机构给予新的管制合法化。

8.2 政策建议

（1）在合作社初创期生态位下，应保障技术、劳动力和信息要素的有效供给，充分发挥组织惯性对合作社发展的作用，重点推动以合作社创办人社会资本和企业家精神为主要内涵的认知合法化机制建设。针对初创期生态位下合作社极易受到环境中已有组织生态位的排斥、威胁，被淘汰的风险较高的情况，应加大该生态位下农民专业合作社多要素合作所需的技术、劳动力、信息等关键要素的保障力度，并充分发挥组织惯性在合作社初创期生态位下所起到的重要作用。针对技术要素，应构建公益性和市场化技术服务相结合的农业技术服务供给体系，引导技术要素参与合作社内部的多要素合作，有效满足初创期生态位下合作社对技术要素的迫切需求。针对初创期生态位下，合作社创办人的社会资源对合作社顺利过渡"生存危险期"的重要性，应通过高素质农民培养工程，造就一大批具有企业家精神和爱农为农情怀的合作社领办人队伍，引导农村能人牵头成立农民专业合作社，特别是发挥村级党组织所具有的"先天"权威性，大力培育发展"党支部+合作社"发展新模式；同时为促进农民专业合作社成员多要素合作均衡发展，要着力选择年富力强且有一定文化程度的青壮年担任合作社理事长。针对信息要素，要大力推动数字乡村建设，给予合作社创办各种优惠政策，努力缩小直至消除城乡"数字鸿沟"。

（2）在成长期生态位下，应保障劳动力和资金要素的有效供给，重点推动以各级政府及权威机构的支持为主要内涵的管制合法化机制建设。为了解决合作社业务和规模快速扩张的需要，成长期生态位下的合作社开始吸收具有更多资源要素的异质性成员加入合作社，特别是对具有管理技能、营销技能、财务技能等专门化人才的需求以及因为加大投入而带来的资金需求变得特别迫切，因此要注重加大劳动力和资金要素的有效供给。针对劳动力关键要素，要通过多样化、市场化、实用化的手段，培养更多专业化的管理人才、营销人才、财会人才等合作社发展亟需人才。例如，通过颁发大专学历的方式，与对口的农业院校联合培养农业职业经理人，鼓励专门化人才以技术、管理等要素入股的方式参与合作社多要素合作。针对资金要素需求，应在国家相关政策法规的指导下，积极赋予农民专业合作社合法取得的承包土地经营权、农户宅基地使用权具有抵押担保贷款权益，积极开展农机具抵押、存货抵押、订单抵押、土地流转收益保证、涉农直补资金担保、林权抵押、蔬菜大棚抵押、应收账款质押、畜禽产品抵押、小型水利工程使用权抵押等创新业务，积极鼓励农户以虚拟资产方式参与合作社成员多要素合作。各级政府应大力构建管制合法化机制，积极引导合作社规范发展，并积极给予合作社及其领办人各种荣誉称号，推动合作社快速发展。此外，随着更多关键要素成员的加入，需要对合作社原有的利益分配关系予以适当调整，构建起效率与公平兼顾的"合作剩余"分配机制。

（3）在成熟期生态位，应保障劳动力和技术要素的有效供给，重点推动以内部利益相关者和外部利益相关者的支持为主要内涵的利益相关者合法化机制建设。成熟期生态位下的合作社，其业务和功能倾向于向高附加值的产业链条延伸，对劳动力和技术要素的有效供给提出较高要求。针对劳动力要素，重点加强职业经理人培训，引导合作社聘请职业经理人参与合作社管理，鼓励职业经理人以管理要素入股合作社要素合作，并提高管理要素在合作社内部的利益分配比重。同时，加大产学研合作力度，重点攻关影响合作社高质量发展的核心技术，积极发挥市场机制作用，引导核心技术所有者以技术入股的方式参与合作社多要素合作。此外，该生态位下的合作社也特别要注重构建全产业链利益相关主体之间的紧密利益联结机制，以保证合作社能够持续稳定发展。需要特别说明的是，虽然此生态位下合作社管制合法性的重要性相对下降，但依然需要政府在政策供给上给予合作社一定的支持。

（4）在分化期生态位下，应保障技术和信息要素的有效供给，需要权威部门或机构给予新的管制合法化机制。分化期生态位下的合作社面临淘汰或迈上新的高阶生态位两个选择。对于面临淘汰的合作社，显然就走入了生命周期的尾声，应遵循"优胜劣汰"的基本市场规律，该淘汰的就淘汰掉，特别是对于"空壳社""僵尸社"等，要按照国家有关政策法规要求，大力予以清理整顿。对于经营状态好、带动作用明显的合作社继续给予扶持，重点保障技术和信息关键要素的有效供给，引导其向横向一体化和纵向一体化发展，继续做大发展规模、做强竞争实力、做优市场品牌。

8.3 研究展望

本书以四川种植业合作社为例，从组织生态位视角，着重研究了成员多要素合作演化规律，在本书写作的各环节都得到了众多专家学者的悉心指导，本书的质量不断获得提升，但由于研究主题、研究时间和自身研究水平的限制，本书仍然存在一些不足之处，未来至少还可以在以下三个方面进行深入研究：

（1）农民专业合作社彼此之间的多要素合作问题值得深入研究。本书仅探究了农民专业合作社内部成员的多要素合作演化规律，没有涉及农民专业合作社因彼此之间联合而带来的多要素合作问题，而随着我国农民专业合作社步入高质量发展的新阶段，农民专业合作社彼此之间的"联合"是未来发展的必然趋势，合作社与合作社的多要素合作问题显得越来越重要，这是值得深入研究的一个方向。

（2）对典型合作社需要持续跟踪研究。对于农民专业合作社的动态的成长演化问题，最好用连续的时间序列数据进行持续的跟踪研究，这样有助于从中发现更多更深入的问题，但受制于研究时间、精力等条件限制，除典型案例中涉及个别农民专业合作社外，对其他合作社很难做到这一点，这也是以后值得继续研究下去的地方。

（3）农民专业合作社多要素合作变量指标选取。目前国内从组织生态学的视角对农民专业合作社成长演化问题进行研究的文献数量非常少（仅能检索出 3 篇左右），也就是从这个视角下对合作社研究还存在大量未知领域，因此在缺乏足够多的有效参考文献的情况下，本书对影响农民专业合作社成员多要素合作指标变量的选取上可能存在不够严谨和全面的问题。

参考文献

包庆德，夏承伯. 生态位：概念内涵的完善与外延辐射的拓展：纪念"生态位"提出100周年 [J]. 自然辩证法研究，2010，26（11）：46-51.

常青，孔祥智，张建华. 农民专业合作社发展中存在的问题及对策 [J]. 山西财经大学学报，2009（4）：35-39.

陈共荣，沈玉萍，刘颖. 基于BSC的农民专业合作社绩效评价指标体系构建 [J]. 会计研究，2014（2）：64-70.

陈文标. 家庭农场兴起背景下的农民专业合作社转型升级 [J]. 农村经济，2014（2）：113-116.

陈文宽，何格，冉瑞平，等. 四川农业产业转型升级战略研究 [M]. 北京：科学出版社，2016.

陈锡文. 关于解决"三农"问题的几点考虑 [J]. 中共党史研究，2014（1）：5-14.

陈曦. 农民专业合作社在农产品质量安全工作中的作用 [J]. 黑龙江畜牧兽医，2005（5）：6-8.

陈相洁，傅新红. 农民专业合作社管理层对一般社员信任的影响因素研究：对四川省盆周山区的实证分析 [J]. 中国农学通报，2014，30（26）：109-113.

陈相洁，傅新红. 农民专业合作社管理层对一般社员信任的影响因素研究：对四川省盆周山区的实证分析 [J]. 中国农学通报，2014，30（26）：109-113.

崔宝玉，简鹏，刘丽珍. 农民专业合作社绩效决定与"悖论"：基于AHP-QR的实证研究 [J]. 农业技术经济，2017（1）：109-123.

崔宝玉，孙迪. 农民合作社联合社合法性的动态获取机制：基于扎根理论的研究 [J]. 财贸研究，2019，30（4）：30-40.

崔宝玉，孙迪. 组织印记、生态位与农民合作社联合社发展 [J]. 北京理工大学学报（社会科学版），2020（9）：86-95.

崔宝玉，徐英婷，简鹏. 农民专业合作社效率测度与改进"悖论"[J]. 中国农村经济，2016（1）：69-82.

崔宝玉. 农民专业合作社治理结构与资本控制[J]. 改革，2010（10）：109-114.

崔宝玉. 农民专业合作社中的委托代理关系及其治理[J]. 财经问题研究，2011（2）：102-107.

代文明. 农业合作社立法若干问题研究：以《中华人民共和国农民专业合作社法》为背景[J]. 河南农业，2006（12）：7-9.

邓衡山，徐志刚，应瑞瑶，等. 真正的农民专业合作社为何在中国难寻？：一个框架性解释与经验事实[J]. 中国农村观察，2016（4）：72-83.

邓衡山，徐志刚.《农民专业合作社法》需要大改吗？：兼论名实之辨的意义与是否需要发展中国特色合作社理论[J]. 农业经济问题，2016（11）：80-87，113-114.

杜吟棠.《农民专业合作社法》的立法背景、基本特色及其实施问题[J]. 青岛农业大学学报（社会科学版），2008（2）：37-41.

范鹏. 中国特色的农民合作社制度的变异现象研究[J]. 中国农村观察，2013（3）：40-46.

范长海. 关于加强农民专业合作社税收规范管理的思考[J]. 时代金融（下旬），2018（8）：189，196.

冯海发. 对十八届三中全会《决定》有关农村改革几个重大问题的理解[J]. 中国农村科技，2013（12）：16-21.

冯小. 农民专业合作社制度异化的乡土逻辑：以"合作社包装下乡资本"为例[J]. 中国农村观察，2014（2）：2-8.

高海.《农民专业合作社法》修改的思路与制度设计[J]. 农业经济问题，2017，38（3）：4-14.

龚诚，任大鹏. 从国际经验看我国农民专业合作经济组织立法[J]. 农村经济，2006（2）：127-129.

龚虹波. 论"关系"网络中的社会资本：一个中西方社会网络比较分析的视角[J]. 浙江社会科学，2013（12）：99-105.

顾力刚，方康. 企业生态学研究[J]. 科技进步与对策，2007，24（10）：119-123.

顾力刚，方康. 企业生态学研究 [J]. 科技进步与对策，2007，24（10）：119-123.

郭红东，楼栋，胡卓红，等. 影响农民专业合作社成长的因素分析：基于浙江省部分农民专业合作社的调查 [J]. 中国农村经济，2009（8）：24-31.

郭红东，钱崔红. 北美新一代合作社的发展与启示 [J]. 农村经营管理，2004（5）：15-18.

郭红东，杨海舟，张若健. 影响农民专业合作社社员对社长信任的因素分析：基于浙江省部分社员的调查 [J]. 中国农村经济，2008（8）：52-60.

郭宁，梁雄健. 组织生态学与企业生态学的发展研究 [J]. 现代管理科学，2005（6）：23-25.

郭晓鸣，宋相涛. 以制度创新促进农民合作组织可持续发展："《农民专业合作社法》颁布后中国农民合作组织发展新动向"国际研讨会综述 [J]. 中国农村经济，2008（11）：74-78.

郭晓鸣. 四川农村合作经济组织：发展与创新 [J]. 四川省情，2006（11）：35-36.

郭珍. 密度、距离与城乡融合发展：基于可持续地理变迁视角的分析 [J]. 求索，2019（5）：163-170.

郝建国."党支部+合作社"的内在动力机制分析 [J]. 领导之友，2010（1）：42-43.

郝小宝，陈合营. 农民专业合作社的内部人控制问题研究 [J]. 调研世界，2007（5）：12-15.

何安华，邵锋，孔祥智. 资源禀赋差异与合作利益分配：辽宁省 HS 农民专业合作社案例分析 [J]. 江淮论坛，2012（1）：11-18.

洪锦华. 推进合作经济转型升级 [J]. 江苏农业经济，2010：12-13.

黄花秀. 农民专业合作社成长的困惑与思考 [J]. 农业与技术，2013，33（8）：215-216.

黄胜忠，伏红勇. 成员异质性、风险分担与农民专业合作社的盈余分配 [J]. 农业经济问题，2014，35（8）：57-64，111.

黄胜忠，林坚，徐旭初. 农民专业合作社治理机制及其绩效实证分析 [J]. 中国农村经济，2008（3）：65-73.

黄胜忠，徐旭初. 成员异质性与农民专业合作社的组织结构分析 [J].

南京农业大学学报（社会科学版），2008（3）：1-7.

·黄胜忠，徐旭初. 农民专业合作社的运行机制分析 [J]. 商业研究，2009（10）：121-124.

黄胜忠. 转型时期农民专业合作社的成长机制研究 [J]. 经济问题，2008，341（1）：87-90.

黄胜忠. 转型时期农民专业合作社的组织行为研究：基于成员异质性的视角 [D]. 杭州：浙江大学，2007.

黄胜忠. 转型时期农民专业合作社的组织行为研究：基于成员异质性的视角 [M]. 杭州：浙江大学出版社，2008.

黄振辉. 多案例与单案例研究的差异与进路安排：理论探讨与实例分析 [J]. 管理案例研究与评论，2010，3（2）：183-188.

黄祖辉，扶玉枝，徐旭初. 农民专业合作社的效率及其影响因素分析 [J]. 中国农村经济，2011（7）：4-13.

黄祖辉，高钰玲. 农民专业合作社服务功能的实现程度及其影响因素 [J]. 中国农村经济，2012（7）：4-16.

黄祖辉，邵科. 合作社的本质规定性及其漂移 [J]. 浙江大学学报（人文社会科学版），2009（4）：11-16.

黄祖辉，徐旭初. 基于能力和关系的合作治理：对浙江省农民专业合作社治理结构的解释 [J]. 浙江社会科学，2006（1）：60-66.

姜柏林. 走进"梨树合作社" [J]. 中国农村金融，2006（6）：17-20.

蒋永穆，高杰. 农业经营组织与农业产业体系的多层级共同演化机理 [J]. 财经科学，2013（4）：93-100.

金三林，曹丹丘，林晓莉. 从城乡二元到城乡融合：新中国成立70年来城乡关系的演进及启示 [J]. 经济纵横，2019（8）：13-19.

金艳红. 农民专业合作社规范化发展的困境与出路 [J]. 人民论坛，2016（14）：32-34.

考夫卡. 格式塔心理学原理 [M]. 李维，译. 北京：北京大学出版社，2010.

孔祥智，陈丹梅. 政府支持与农民专业合作社的发展 [J]. 教学与研究，2007（1）：17-20.

孔祥智，沈忱忱. 成员异质性对合作社治理机制的影响分析：以四川省井研县联合水果合作社为例 [J]. 农村经济，2010（9）：8-11.

孔祥智.《农民专业合作社法》的精神［J］.中国农民合作社，2018（7）：51.

孔祥智.合作社的本质规定性［J］.中国农民合作社，2014（4）：43.

孔祥智.如何提升合作社质量［J］.中国农民合作社，2018，115（12）：47.

李铁，魏后凯，王巨禄.城乡融合发展亟须激活要素流通［J］.广西城镇建设，2019（7）：8-9.

李一帆，宋少君，颜贤斌.企业生态学理论的学科溯源［J］.中国商论，2018（31）：168-169.

梁巧，王鑫鑫.我国农民合作社设立机制：基于产业组织生态学理论的探讨［J］.经济理论与经济管理，2014（7）：101-112.

梁召群.利益递进：农民合作深化的动力机制：以安徽店集社区（村）的个案研究［D］.武汉：华中师范大学，2016.

林共市.高科技产业生态与中国台湾新竹科学工业园区的发展［J］.科技进步与对策，2002，19（8）：49-51.

林坚，黄胜忠.成员异质性与农民专业合作社的所有权分析［J］.农业经济问题，2007（10）：12-17.

林毅夫."三农"问题与我国农村的未来发展［J］.农业经济问题，2003（1）：19-24，79.

刘滨，陈池波，杜辉.农民专业合作社绩效度量的实证分析：来自江西省22个样本合作社的数据［J］.农业经济问题，2009（2）：90-95.

刘滨，黎汝，康小兰.农民专业合作社联社行为实证分析：以江西省为例［J］.农业技术经济，2016，251（3）：113-120.

刘建村，黄小丹.我国农业合作社制度创新的动力机制及完善对策［J］.现代经济信息，2017（2）：151.

刘明辉，卢飞.城乡要素错配与城乡融合发展：基于中国省级面板数据的实证研究［J］.农业技术经济，2019（2）：33-43.

刘清芝，王勇.农民组织化：提高农业竞争力的重要途径［J］.农村经济，2005（11）：14-16.

刘显利.经济学视阈下农业合作社制度创新的动力机制和完善对策［J］.黑龙江畜牧兽医（下半月），2016（10）：275.

刘志峰，李玉杰.企业生态位：生命周期理论视角［J］.商业研究，

2009（1）：103-108.

楼栋，常青，孔祥智.当前我国农民专业合作社发展面临的问题、趋势与政策建议［J］.学习论坛，2011（12）：32-37.

陆玲.略论企业生态学原理［J］.世界科学，1996（3）：3.

吕洪波，刘佳.制约我国农民专业合作社的因素分析：以辽宁省为例［J］.农业经济，2015（2）：91-92.

马彦丽，胡一宁，郜悦平.中国农民专业合作社的异化及未来发展［J］.农村经济，2018（5）：104-109.

马彦丽，孟彩英.我国农民专业合作社的双重委托—代理关系：兼论存在的问题及改进思路［J］.农业经济问题，2008（5）：55-60，111.

马彦丽，施轶坤.农户加入农民专业合作社的意愿、行为及其转化：基于13个合作社340个农户的实证研究［J］.农业技术经济，2012（6）：101-108.

马彦丽.我国农民专业合作社的制度解析：以浙江省为例［M］.北京：中国社会科学出版社，2006.

马有祥，赵兵，陈常兵.农业合作社：现代农业组织形式的必然选择［J］.农村经营管理，2006（11）：46-47.

门炜，任大鹏.外部资源对农民专业合作社发展的介入影响分析［J］.农业经济问题，2011（12）：29-34.

孟丽，钟永玲，李楠.我国新型农业经营主体功能定位及结构演变研究［J］.农业现代化研究，2015（1）：41-45.

孟娜娜，蔺鹏.农民专业合作社信用合作行为研究：基于国内相关文献的总结［J］.农村金融研究，2017（1）：72-76.

倪细云.基于生命周期视角的农民专业合作社发展策略选择［J］.管理现代化，2013（1）：94-96.

彭文俊，王晓鸣.生态位概念和内涵的发展及其在生态学中的定位［J］.应用生态学报，2016，27（1）：330-337.

任大鹏.当前合作社发展面临的挑战和机遇［J］.中国农民合作社，2018（1）：12-13.

任大鹏.农民专业合作社法主要制度解读［J］.农村经营管理，2006（12）：12-15.

邵科，徐旭初，黄祖辉.农民专业合作社成员异质性与参与动机［J］.

青岛农业大学学报（社会科学版），2013（4）：1-7.

邵科，徐旭初. 成员异质性对农民专业合作社治理结构的影响：基于浙江省88家合作社的分析 [J]. 西北农林科技大学学报（社会科学版），2008，8（2）：5-9.

宋刚，马俊驹. 农业专业合作社若干问题研究：兼评我国《农民专业合作社法》[J]. 浙江社会科学，2007（5）：61-67.

孙亚范，余海鹏. 农民专业合作社成员合作意愿及影响因素分析 [J]. 中国农村经济，2012（6）：48-58.

谭智心，孔祥智. 不完全契约、非对称信息与合作社经营者激励：农民专业合作社"委托—代理"理论模型的构建及其应用 [J]. 中国人民大学学报，2011（5）：40-48.

谭智心，孔祥智. 不完全契约、非对称信息与合作社经营者激励：农民专业合作社"委托—代理"理论模型的构建及其应用 [J]. 中国人民大学学报，2011（5）：34-42.

唐丽桂. 农民专业合作社发展中的不规范现象研究 [J]. 重庆社会科学，2019，291（2）：95-103.

唐宗焜. 合作社真谛 [M]. 北京：知识产权出版社，2012.

田野. 专业合作社：提高农民组织化程度的最佳载体 [J]. 农村经营管理，2003（10）：7-9.

万宝瑞. 关于农民专业合作社当前急需关注的几个问题 [J]. 农业经济问题，2010（10）：9-11.

王奉先. 提升农民专业合作社发展质量的探讨 [J]. 现代农业，2019（5）：2.

王建英，陈东平. 内生于农民专业合作社的资金互助社运行机制分析：基于不同经济发展程度的考察 [J]. 金融理论与实践，2011（2）：19-24.

王俊凤，闫文. 基于AHP-DEMATEL模型的黑龙江省农民专业合作社内部资金互助的影响因素分析 [J]. 金融理论与实践，2016（7）：86-90.

王艳. 发展农民专业合作社，强化农村集体经济 [J]. 现代经济信息，2019（9）：8.

王一鸣，赵复强. 农业劳动力结构及对农业现代化的影响：以山东省莱西市为例 [J]. 农村经济与科技，2012，23（10）：80-81.

王勇，刘清芝. 发展农村专业合作经济组织促进农业产业化经营 [J].

农村经营管理, 2002 (8): 19-20.

王勇. 产业扩张、组织创新与农民专业合作社成长: 基于山东省 5 个典型个案的研究 [J]. 中国农村观察, 2010 (2): 63-70.

王忠林. 以"空壳社"清理行动为契机促进农民专业合作社规范化发展 [J]. 农业经济与管理, 2019 (4): 5.

魏文斌. 企业生态学与生态管理 [J]. 国外丝绸, 2005 (6): 31-32.

魏延安. 农村改革四十年的演变轨迹及其新时代新征程 [J]. 陕西行政学院学报, 2018, 110 (1): 95-101.

温铁军. 农民专业合作社发展的困境与出路 [J]. 湖南农业大学学报 (社会科学版), 2013 (8): 4-6.

吴彬, 徐旭初. 合作社的状态特性对治理结构类型的影响研究: 基于中国 3 省 80 县 266 家农民专业合作社的调查 [J]. 农业技术经济, 2013 (1): 107-119.

吴翔宇, 丁云龙. 农民专业合作社的联合路径研究: 基于联合社的多案例分析 [J]. 农业现代化研究, 2018, 39 (5): 761-769.

吴一鸣. 农民专业合作社可持续发展的动力机制研究 [D]. 南京: 南京农业大学, 2012.

武东轶. 浙江省农民专业合作社考察报告 [J]. 山西农经, 2005 (4): 61-64.

武嘉盟, 路春城. 山东省农民专业合作社现状和发展动力机制研究 [J]. 齐鲁珠坛, 2017 (6): 4-8.

席酉民, 郭士伊. 质和构: 组织的结构关系对组织性能的影响 [J]. 预测, 2008 (2): 1-7.

夏英, 宋彦峰, 濮梦琪. 以农民专业合作社为基础的资金互助制度分析 [J]. 农业经济问题, 2010 (4): 31-35, 112.

夏英. 2017 年我国农民合作社发展现状, 导向及态势 [J]. 中国农民合作社, 2018 (1): 10-11.

徐旭初, 黄胜忠. 走向新合作: 浙江省农民专业合作社发展研究 [M]. 北京: 科学出版社, 2009.

徐旭初, 吴彬, 应丽. 农民专业合作社财务绩效的影响因素分析: 基于浙江省 319 家农民专业合作社的实地调查 [J]. 西北农林科技大学学报 (社会科学版), 2013 (6): 20-26.

徐旭初，吴彬.《农民专业合作社法》的规范化效应检视 [J]. 东岳论丛，2017, 38 (1)：78-81.

徐旭初. 合作社的本质规定性及其他 [J]. 农村经济，2003 (8)：38-40.

徐旭初. 农民专业合作：基于组织能力的产权安排：对浙江省农民专业合作社产权安排的一种解释 [J]. 浙江学刊，2006 (3)：178-183.

徐旭初. 农民专业合作社发展辨析：一个基于国内文献的讨论 [J]. 中国农村观察，2012 (5)：2-12.

徐旭初. 农民专业合作社绩效评价体系及其验证 [J]. 农业技术经济，2009 (4)：11-19.

徐旭初. 农民专业合作组织立法的制度导向辨析：以《浙江省农民专业合作社条例》为例 [J]. 中国农村经济，2005 (6)：19-24.

徐旭初. 新年漫谈合作社发展趋势 [J]. 中国农业合作社，2020 (1)：38-39.

徐旭初. 新形势下我国农民专业合作社的制度安排 [J]. 农村经营管理，2008 (11)：13-16.

徐旭初. 再谈合作社的质性规定 [J]. 中国农民合作社，2014 (2)：45.

徐旭初. 在成员异质性中进行合作 [J]. 中国农民合作社，2014 (6)：41.

许黎莉，陈东平. 农民专业合作社内信用合作激励机制研究：基于联合利润增加值的案例比较分析 [J]. 内蒙古社会科学（汉文版），2019, 40 (4)：118-124.

许英. 论农民专业合作社成员退社及相关主体的利益保护 [J]. 私法研究，2018, 23 (2)：103-116.

薛桂霞，孙炜琳. 对农民专业合作社开展信用合作的思考 [J]. 农业经济问题，2013 (4)：76-80.

薛求知，徐忠伟. 企业生命周期理论：一个系统的解析 [J]. 浙江社会科学，2005 (5)：192-197.

荀雪霞. 政府在发展新型农民专业合作社中的地位和作用 [J]. 经济研究导刊，2009 (7)：37-38.

荀羽羽. 农民专业合作社参与精准扶贫研究 [D]. 晋中：山西农业大学，2018.

阎金斌. 中国农村金融发展研究 [J]. 内蒙古金融研究，2016 (11)：14-17.

杨彤. 农民专业合作社内部信用合作参与意愿影响因素研究［D］. 咸阳：西北农林科技大学，2019.

杨义坛. 农村专业合作社制度绩效分析［D］. 杭州：浙江大学，2005.

杨志恒. 城乡融合发展的理论溯源，内涵与机制分析［J］. 地理与地理信息科学，2019，35（4）：111-116.

杨忠直. 企业生态学引论［M］. 北京：科学出版社，2003.

伊查克·爱迪思. 企业生命周期［M］. 北京：中国社会科学出版社，1997.

佚名. 浙江省农民专业合作社条例解读［J］. 领导决策信息，2005（3）：32-32.

尹广文，崔月琴. 能人效应与关系动员：农民专业合作组织的生成机制和运作逻辑：一组基于西北地区村域合作社的实地研究［J］. 南京农业大学学报（社会科学版），2016，16（2）：36-43.

应瑞瑶，唐春燕，邓衡山，等. 成员异质性、合作博弈与利益分配：一个对农民专业合作社盈余分配机制安排的经济解释［J］. 财贸研究，2016（3）：72-79.

应瑞瑶. 农民专业合作社的成长路径：以江苏省"泰兴市七贤家禽产销合作社"为例［J］. 2006中国人文社会科学论坛暨新农村建设与和谐社会论坛，2006（6）：18-23.

袁久和，祁春节. 异质性农民专业合作社成员合作关系及其稳定性研究［J］. 财贸研究，2013，24（3）：54-60.

袁立. "以大带小"：农民专业合作社发展再研究［D］. 南昌：江西财经大学，2018.

苑鹏，曹斌. 创新与规范：促进农民专业合作社健康发展研究［J］. 中国市场监管研究，2018，306（4）：60-65.

苑鹏. 对公司领办的农民专业合作社的探讨：以北京圣泽林梨专业合作社为例［J］. 管理世界，2008（7）：62-69.

苑鹏. 改革开放40年农民专业合作社的发展与展望［J］. 中国农民合作社，2018（10）：17-19.

苑鹏. 关于修订《农民专业合作社法》的几点思考［J］. 湖南农业大学学报（社会科学版），2013（4）：8-10.

苑鹏. 农民专业合作社的财政扶持政策研究［J］. 经济研究参考，2009（41）：3-11.

苑鹏. 试论合作社的本质属性及中国农民专业合作经济组织发展的基本条件 [J]. 农村经营管理, 2006 (8): 16-21.

张琛, 孔祥智. 农民专业合作社成长演化机理分析: 基于组织生态学视角 [J]. 国农村观察, 2018 (3): 128-144.

张琛, 赵昶, 孔祥智. 农民专业合作社的再联合 [J]. 西北农林科技大学学报 (社会科学版), 2019, 19 (3): 96-103.

张光明, 谢寿昌. 生态位概念演变与展望 [J]. 生态学杂志, 1997, 16 (6): 46-51.

张红宇. 农地改革: 从 "两权分离" 到 "三权分置" [J]. 中国经济报告, 2018 (12): 37-39.

张红宇. 农民合作社发展迈向新征程 [J]. 中国农民合作社, 2018 (1): 7-9.

张慧. 农民专业合作社联合社成员合作意愿及影响因素研究 [D]. 武汉: 华中农业大学, 2018.

张克俊, 杜婵. 从城乡统筹, 城乡一体化到城乡融合发展: 继承与升华 [J]. 农村经济, 2019 (11): 19-26.

张良勇, 董晓芳. 基于中位数排序集抽样的 Wilcoxon 符号秩检验 (英文) [J]. 应用概率统计, 2013, 29 (2): 3-10.

张晓山. 农民专业合作社的发展趋势探析 [J]. 管理世界, 2009 (5): 96-103.

张晓山. 促进以农产品生产专业户为主体的合作社的发展: 以浙江省农民专业合作社的发展为例 [J]. 中国农村经济, 2004 (11): 4-10.

张晓山. 理想与现实的碰撞: 《农民专业合作社法》 修订引发的思考 [J]. 求索, 2017 (8): 16-24.

张晓山. 农民专业合作社的发展趋势探析 [J]. 管理世界, 2009 (5): 96-103.

张晓山. 农民专业合作社规范化发展及其路径 [J]. 湖南农业大学学报 (社会科学版), 2013 (4): 3-6.

张笑寒, 汤晓倩. 农民专业合作社联合社成员 "搭便车" 行为研究: 基于演化博弈视角 [J]. 华中农业大学学报 (社会科学版), 2019 (4): 45-53, 171.

张雪莲, 冯开文. 农民专业合作社决策权分割的博弈分析 [J]. 中国农村经济，2008（8）：63-71.

张延民.农民专业合作社的发展趋势探析［J］.甘肃农业，2018（1）：48-49.

张滢.农民专业合作社风险识别与治理机制：两种基本合作社组织模式的比较［J］.中国农村经济，2011（12）：14-24.

张颖，任大鹏.论农民专业合作社的规范化：从合作社的真伪之辩谈起［J］.农业经济问题，2010，31（4）：41-45.

张颖，王礼力，曹燕子.农民专业合作社生命周期演化机理及实证研究［J］.农村经济，2015（3）：120-125.

张颖，王礼力，曹燕子.农民专业合作社生命周期演化机理及实证研究［J］.农村经济，2015（3）：122-127.

章欣然，周世军.农民专业合作社带动农户增收脱贫机制设计［J］.合作经济与科技，2019（15）：27-29.

赵国杰，郭春丽.农民专业合作社生命周期分析与政府角色转换初探［J］.农业经济问题，2009，30（1）：76-80.

赵佳荣.农民专业合作社"三重绩效"评价模式研究［J］.农业技术经济，2010（2）：121-129.

赵晓峰，韩庆龄.政策诱导与阶层驱动：农民专业合作社快速发展的双重动力机制分析［J］.农村经济，2013（1）：123-125.

赵晓峰，付少平.多元主体、庇护关系与合作社制度变迁：以府城县农民专业合作社的实践为例［J］.中国农村观察，2015（2）：2-12.

赵晓峰.农民专业合作社制度演变中的"会员制"困境及其超越［J］.农业经济问题，2015，36（2）：27-33.

赵颖婷.浅析如何深化农民专业合作社对乡村振兴的积极效应［J］.现代商业，2018（33）：167-168.

浙江省农业厅课题组.农民专业合作社绩效评价体系初探［J］.农村经营管理，2008（10）：31-35.

郑丹.农民专业合作社盈余分配状况探究［J］.中国农村经济，2011（4）：74-80.

郑盛贵.农民专业合作社成长的困惑与思考［J］.农技服务，2017，34（5）：193-193.

郑有贵.农民专业合作社金融支持路径与政策研究［J］.农村经营管

理, 2008 (4): 26-30.

周琳琅. 发展农民专业合作经济组织的意义、障碍和对策 [J]. 湖北社会科学, 2004 (7): 62-65.

周天勇. 用协同思维进行乡村振兴 [J]. 四川省情, 2018, 198 (7): 31-34.

朱春全. 生态位态势理论与扩充假说 [J]. 生态学报, 1997 (3): 324-332.

朱婷婷. 牧区专业合作社动力机制发展研究 [D]. 呼和浩特: 内蒙古大学, 2014.

朱婷婷. 组织生命周期综述 [J]. 人力资源管理, 2016 (1): 17-18.

朱晓玲. 加强农民专业合作社规范化建设的思考 [J]. 农家参谋, 2018, 583 (10): 35, 76.

朱秀梅, 陈琛, 蔡莉. 网络能力、资源获取与新企业绩效关系实证研究 [J]. 管理科学学报, 2010 (4): 44-53, 56.

朱哲毅, 宁可, 应瑞瑶. 农民专业合作社的"规范"与"规范"合作社 [J]. 中国科技论坛, 2018 (1): 102-107.

ACS J. A comparison of models for strategic planning, risk analysis and risk management, theory and decision [J]. 1985, 19 (3): 205-248.

ADRIAN J S, DRZIK J. Countering the biggest risk of all [J]. Harvard Business Review, 2005, 245 (4): 78-88.

ARELLANO M, BOVER O. Another look at the instrumental variable estimation of error component model [J]. Journal of Econometrics, 1995, 68 (1): 29-51.

ARELLANO M, BOND S. Some test of specification for panel data: monte carlo evidence and an application to employment equations [J]. Review of Economic Studies, 1991, 58 (2): 277-297.

BARROS C P, CAPORALE G M, ABREU M. Productivity Drivers in European Banking: Country Effects, Legal Tradition and Market Dynamics, Economics and Finance Discussion Papers [D]. Brunel: Brunel University, 2008.

BLUNDELL R, BOND S. Initial conditions and moment restrictions in dynamic panel data model [J]. Journal of Econometrics, 1998, 87 (1): 115-143.

BROUTHERS K D. Institutional, cultural and transaction cost influence on entry mode choice and performance [J]. Journal of International Business Studies, 2002, 33 (2): 203-221.

C MARLENE FIOL. Revisiting an identity-based view of sustainable competitive advantage [J]. Journal of Management, 2001, 27 (6): 691-699.

COOK M L, BURRESS M J. A cooperative life cycle framework [J/OL]. 2009, [2023-05-31]. http://dept.agri.ac.il/ecnomics.

COOK M L, CHADDAD F R, ILIOPOULOS C. Advances in cooperative theory since 1990: a review of agricultural economics literature, in G. W. J. Hendrikse (eds): restructuring agricultural cooperatives [M]. Rotterdam: Erasmus University Press, 2004.

COOK M L. The future of U.S. agricultural cooperatives: a neo-institutional approach [J]. American Journal of Agricultural Economics, 1995, 77: 1153-1159.

FABIO R CHADDAD, MICHAEL L COOK. Understanding new cooperative models: an ownership-control rights typology [J]. Review of Agricultural Economics, 2004, 26 (3): 348-360.

FARRELL M. The measurement of productive efficiency [J]. Journal of the Royal Statistical Society, Series A, 1957, 120 (3): 253-281.

FEATHERSTONE A M, AL-KHERAIJI A A. Debt and input misallocation of agricultural supply and marketing cooperatives [J]. Applied Economics, 1995, 27 (9): 871-878.

GALDEANO - GÓMEZ E, CÉSPEDES - LORENTE J, RODRÍGUEZ - RODRÍGUEZ M. Productivity and environmental performance in marketing cooperatives: an analysis of the spanish horticultural sector [J]. Journal of Agricultural Economics, 2006, 57 (3): 479-500.

GALDEANO-GÓMEZ E. Productivity effects of environmental performance: evidence from TFP analysis on marketing cooperatives [J]. Applied Economics, 2008, 40 (14): 1873-1888.

HAILU G, GODDARD E W, JEFFREY S R. Measuring efficiency in fruit and vegetable marketing co-operatives with heterogeneous technologies in Canada, selected paper prepared for presentation at the American agricultural economics association annual meeting [D]. Rhode Island: Providence, 2005.

HAILU G, JEFFREY S R, GODDARD E W. Efficiency, economic performance and financial leverage of agribusiness marketing co-operatives in Canada, in Novkovic, S. and Sena, V. (eds.): cooperative firms in global markets: incidence, viability and economic performance [M]. West Yorkshire: Emerald Group Publishing Limited, 2007.

HALL R. Stochastic implications of the life cycle–permanent income hypothesis: theory and evidence [J]. Journal of Political Economy, 1978, 86 (6): 971–987.

HANSMANN H. The ownership of enterprise [M]. Cambridge: The Belknap Press of Harvard University Press, 1996.

HENDRIKSE G W J, VEERMAN C P. Marketing cooperatives: an incomplete contracting perspective [J]. Journal of Agricultural Economics, 2001, 52 (1): 53–64.

HENEHAN B A, ANDERSON B L. Evaluating the performance of agricultural cooperative boards of directors, a paper presented at the NCR 194 committee meeting [D]. MO: Kansas City, 1999.

JENSEN M C, MECKLING W H. Theory of the firm: managerial behavior, agency costs and ownership structure [J]. Journal of Financial Economics, 1976, 3 (4): 305–360.

JERAYR HALEBLIAN, SYDNEY FINKELSTEIN. Top management team size, CEO dominance, and firm performance: the moderating roles of environmental turbulence and discretion [J]. The Academy of Management Journal, 1993, 36 (4): 844–863.

JERKER NILSSON. Organisational principles for co–operative firms [J]. Scandinavian Journal of Management, 2001, 17 (3): 329–356.

KNEIP A, SIMAR L, WILSON P W. Asymptotics for DEA estimators in nonparametric frontier models, discussion paper, Institutde Statistique [D]. Louvain–la–Neuve: Universite Catholiquede Louvain, 2003.

KRASACHAT W, CHIMKUL K. Performance measurement of agricultural cooperatives in thailand: an accounting–based data envelopment analysis, in Lee, J. –D. and heshmati, A. (eds.): productivity, efficiency and economic growth in the asia–pacific region [M]. Berlin and Heidelberg: Springer–Verlag, 2009.

MADDALA G S. Limited–dependent and qualitative variables in econometrics [M]. Cambridge City: Cambridge University Press, 1983.

MILLER K D. A framework for integrated risk management in international business [J]. Journal of International Business Studies, 1992, 23 (2): 311-331.

NILSSON J. Organizational principles for cooperative firms [J]. Scandinavian Journal of Management, 2001, 17: 329-356.

OLIVER E WILLIAMSON. The vertical integration of production: market failure considerations [J]. The American Economic Review, 1971, 61 (2): 112-123.

RAFAT SOBOH, ALFONS OUDE LANSINK, GERT VAN DIJK. Efficiency of cooperatives and investor owned firms revisited [J]. Journal of Agricultural Economics, 2012, 63 (1): 142-157.

RICHARD PHILLIPS. Economic nature of the cooperative association [J]. Journal of Farm Economics, 1953, 35 (1): 74-87.

SANFORD J GROSSMAN, OLIVER D HART. The costs and benefits of ownership: a theory of vertical and lateral integration [J]. Journal of Political Economy, 1986, 94 (4): 691-719.

SHORT H, et al. Corporate governance: from accountability to enterprise [J]. Accounting and Business Research, 1999, 29 (4): 337-352.

SIMAR L, WILSON P W. A general methodology for bootstrapping in non-parametric frontier models [J]. Journal of Applied Statistics, 2000, 27 (6): 779-802.

SIMAR L, WILSON P W. Estimation and inference in two-stage, semi-parametric models of production processes [J]. Journal of Econometrics, 2007, 136: 31-64.

SVEIN OLE BORGEN. Rethinking incentive problems in cooperative organizations [J]. Journal of Socio-Economics, 2004, 33 (4): 383-393.

VERONIQUE THERIAULT, RENATA SERRA. Institutional environment and technical efficiency: a stochastic frontier analysis of cotton producers in west Africa [J]. J Agric Econ, 2014, 65 (2): 383-405.

VITALIANO P. Cooperative enterprise: an alternative conceptual basis for analyzing a complex institution [J]. American Journal of Agricultural Economics, 1983, 65: 1078-1083.

WILLIAMSON O E. The economic institutions of capitalism [M]. New York: The Free Press, 1985.

WILSON P W. FEAR: A software package for frontier efficiency analysis with r [J]. Socio-Economic planning sciences, 2008.

后　记

　　农民专业合作社是引领我国乡村振兴、实现中国式农业现代化的重要载体。2015年的暮春时节，我有幸跟随四川农业大学管理学院原院长陈文宽教授领衔的四川省哲社重大招标课题组，深入成都、内江、宜宾、南充、汶川等地系统调研了大批农民专业合作社，在调研过程中，我对合作社从一无所知到逐渐有所了解，再到慢慢产生浓厚的兴趣。调研结束后，我借鉴国内著名学者席酉民教授的组织结构学观点，从组织的"质"与"构"角度，对农民合作社类型进行了重新划分，并用多案例研究法对这四种合作社类型的管理绩效进行了论证，这是我平生撰写的第一篇跟农民合作社相关的学术论文，得到了农经领域的几位教授的一致肯定，从而给予了我研究合作社的极大信心，这也是我这本学术专著的源起。

　　其实，我研究合作社问题的起步时间较晚，从2007年我国合作社法颁布实施开始，国内外相关研究文献早已汗牛充栋，包括北京大学、浙江大学、中国人民大学、中国农业大学、中国社科院等一众顶级知名专家均有大量研究成果，我作为一位"后来者"，要想在这个领域做出重大创新性成果，确实比较困难。好在我身上有一股无知者无畏的狠劲儿，正是凭借这股劲儿，我利用参加学术会议的机会，向黄祖辉教授、霍学喜教授、徐旭初教授、张克俊研究员、马彦丽教授等著名专家和学者请教，从这些前辈身上我学到了很多。恰好那段时间我正在学习哈佛大学葛瑞纳教授的组织生命周期理论，突然间顿悟——为何不用组织生命周期理论来研究合作社不同发展阶段的要素合作问题呢？但很快我检索文献后发现，这方面早有学者进行了研究，显然仅此难以创新。随后我又学习了大量的生态学相关理论，发现从生态位的视角去审视不同生命周期阶段的合作社多要素合作，似乎大有文章可做。这就是我这本著作选题的由来。

选题确定后，就是如何有效开展研究、达到研究预定目标的问题。我深知，这个选题既是一个重大的理论问题，更是一个迫切需要解决的现实问题，要求研究者必须深入实践、深入一线，对合作社发展进行扎扎实实的田野调查。我常听王雨林副教授说起她的师兄徐旭初教授当年在浙江大学读博期间，为研究浙江的农民合作社，几乎走遍了浙江的每一个村落，访遍了全省每一家合作社，真正以实际行动践行了浙江人的"四个千万"精神。这点给了我很大的启发，做学问如同做人，来不得半点虚假。为此，我几乎走遍了除甘孜藏族自治州、阿坝藏族羌族自治州、凉山彝族自治州等少数偏远山区外的四川大部分地区，调研了近300家农民专业合作社，特别是作为典型案例分析的10多家合作社，为了完整检验我的研究假说，我对其连续跟踪研究数年，从未间断过。记得在调研兴文县HQ粮油种植专业合作社、江油市SL种养殖农民专业合作社联合社这两家合作社时，我一人驾车前往进行"沉浸式"调研，与合作社社长、成员、村民、村干部等同吃同住。正是有了无数个无眠无休的日夜付出，才有了这部学术著作的面世。

在写作本书的过程中，四川大学经济学院博士生导师蒋和胜教授时刻鼓励我，将自己评阅过的同类型著述给我参考，还为我提供了"躲进小楼成一统"的不受外界打扰的做学问环境，感激之情不胜言表！四川农业大学管理学院博士生导师傅新红教授、李冬梅教授是农民专业合作社研究领域专家，她们在我从选题到定稿的过程中给予了许多指导，甚至逐字逐句地帮我修改，在此真诚地道声谢谢！成都信息工程大学统计学院院长李勇教授是全国知名的大数据统计专家，他对我出版这本学术专著给予了大力支持，由衷感谢！西南财经大学原国际商学院院长、博士生导师程民选教授在本书出版前期对论文题目等给予了悉心点拨，能得到知名专家的指导和帮助倍感荣幸！也要衷心感谢成都信息工程大学统计学院熊健益教授和涂文明教授，熊健益教授领衔的校级教师科技创新能力提升项目组对本书的出版给予了大力支持！还要衷心感谢四川农业大学邓良基教授、庄天慧教授、杨锦秀教授、曾维忠教授以及管理学院李建强教授、蓝红星教授、陈文宽教授、王芳教授、符刚教授、郑循刚教授、冉瑞平教授、张社梅研究员，经济学院蒋远胜教授、漆雁斌教授、李后建教授、陈蓉副教授、屈改柳博士等专家学者所给予的悉心指导！对罗军、靳滨隅两位老师在英文翻译校对方面给予的支持也由衷表示感谢！最后，要特别感谢西南财经大学出版社的支持和帮助！

学术之路异常崎岖，绝对没有坦途，本著作的出版，既是对自己辛勤付出的犒赏，更是对自己的激励和鞭策。

作者

2023 年 6 月

附录 四川省农民专业合作社要素合作情况调查问卷

您好！我们是四川农业大学管理学院"四川种植业合作社多要素合作研究"课题组成员，首先非常感谢您抽出宝贵时间接受我们的问卷调查。此次调查的主要目的是想向您了解四川种植业合作社要素合作的现状、存在的问题以及您对未来发展想提出的期望或建议。请在相应的选项上打勾，或在横线上填写相应内容，或直接作答。我们承诺，您填写的问卷仅供课题研究之用，不会透露个人的任何信息和观点。谢谢合作！

受访者姓名：

联系电话：

受访日期：

第一部分 受访者基本情况

1. 您的年龄：□30 岁以下　□30～40 岁　□41～50 岁　□51～60 岁 □60 岁以上

2. 您的性别：□男性　□女性

3. 您的文化程度：□小学及小学以下　□初中　□高中及中专 □大专及本科　□本科以上

4. 您在合作社中的身份：□理事长（社长）　□理事　□执行监事或监事会成员　□其他人员：＿＿＿＿＿＿（请注明）

5. 贵合作社的名称为：＿＿＿＿＿＿（请写全称）

6. 贵合作社属于以下哪一种类型：

□种植专业合作社　□养殖专业合作社　□种养殖专业合作社

□农民专业合作社联合社　□其他：_____（请注明）

7. 所从事的具体产业为：_____（请具体列出）

8. 贵合作社所在地的地貌特征：□平原地区　□丘陵地区　□山区

9. 贵合作社属于哪一级示范性合作社：

□国家级示范社　□省级示范社　□市县级示范社　□非示范性合作社

10. 贵合作社的基本情况（请在表格的右列填写具体数字）：

合作社登记注册的时间	
注册资金（单位：万元）	
所经营土地面积（单位：亩）	
种植（养殖）规模 （单位：亩、头或其他）	
从事经营活动的人数（单位：人）	
固定雇佣人数（单位：人）	
理事会人数（单位：人）	
监事会人数（单位：人）	
专职管理人员人数（单位：人）	
固定资产总额（单位：万元）	
近三年每年平均总产值（单位：万元）	
近三年每年平均总成本（单位：万元）	

第二部分　合作社要素合作现状调查

（本部分的选择题除非注明"可多选"字样，否则一律视为单选题）

一、土地要素

1. 贵合作社获得土地的最主要方式为：

□租赁　□转包　□入股　□互换　□拍卖　□土地信托　□反租倒包

2. 土地流转年限是：□10 年以下　□10~20 年　□21~30 年
□30 年以上

3. 土地流转的合同方式是：□口头协议　□书面协议　□无具体协议

4. 贵合作社流转土地每亩的年均成本为：_____元（请注明）

5. 每年用于土地流转的成本支出占贵合作社总成本的比例为：
□10%以下　□10%~20%　□21%~30%　□31%~40%
□41%~50%　□50%以上

6. 贵合作社土地流转的支付方式为：□分年度以现金支付　□一次性
现金支付　□折算成一定数量的粮食支付　□其他：_____（请
注明）

7. 您对于贵合作社目前土地使用状况是否满意：
□非常满意　□比较满意　□满意　□一般　□不满意

8. 您认为贵合作社所经营土地目前主要存在的问题是：（可多选）
□土地流转成本越来越高　□土地相对分散、不够集中　□土地面积
较小，规模效应差　□路网、水利等基础设施不完善
□其他：_____（请注明）

9. 贵合作社在使用土地时最迫切希望得到的帮助是：
□降低土地流转成本　□延长土地流转年限　□简化土地流转手续
□扩大土地经营面积　□其他：_____（请注明）

10. 贵合作社内部土地入股的情况：
□不深入　□不太深入　□一般　□比较深入　□深入

二、资金要素

1. 贵合作社资金的主要来源于：
□自有资金　□银行贷款　□政府项目资金　□外部投入资金
□民间借贷

2. 贵合作社申请贷款的主要类型为：
□短期贷款　□中期贷款　□长期贷款　□无贷款（选择此项，直接跳
做"三、劳动力要素"）

3. 每年用于贷款的利息支出占贵合作社总成本的比例为：
□10%以下　□10%~20%　□21%~30%　□31%~40%　□41%~50%
□50%以上

4. 您对贵合作社目前获得资金方式的满意程度：

□非常满意　□比较满意　□满意　□一般　□不满意

5. 目前贵合作社在资金筹措方面存在的主要问题为：（多选）

□贷款利率太高　□申请贷款缺乏有效抵押物　□申请贷款手续比较繁杂　□获得资金的渠道单一　□其他问题：＿＿＿＿＿＿（请注明）

6. 在信贷支持政策方面，贵合作社希望得到以下哪些帮助：（可多选）

□提高单笔贷款金额　□由政府提供担保　□简化贷款办理手续

□其他：＿＿＿＿＿＿

7. 您认为解决合作社资金不足问题的最好途径是：

□内部信用合作　□银行贷款　□政府项目资金　□外部投入资金

□民间借贷

8. 贵合作社资金主要源于成员自有资金的情况：

□不深入　□不太深入　□一般　□比较深入　□深入

三、劳动力要素

1. 贵合作社劳动力的主要来源是：

□合作社成员　□本地剩余劳动力　□劳动力市场

□其他：＿＿＿＿＿＿

2. 贵合作社雇佣劳动力的基本情况为：

□以男性劳动力为主　□以女性劳动力为主

□以50岁以下青壮年劳动力为主　□以50岁以上老年劳动力为主

□以本乡（镇）劳动力为主　□以外乡（镇）劳动力为主

3. 贵合作社雇佣一个劳动力平均日工资为：＿＿＿＿＿＿元。

4. 每年用于雇佣劳动力的支出占贵合作社总成本的比例为：

□10%以下　□10%～20%　□21%～30%　□31%～40%　□41%～50%

□50%以上

5. 您对贵合作社目前的劳动力雇佣情况是否满意：

□非常满意　□比较满意　□满意　□一般　□不满意

6. 贵合作社劳动力雇佣中存在的主要问题是：

□青壮年劳动力严重不足　□劳动力低能化严重

□雇佣劳动力的成本越来越高　□其他：＿＿＿＿＿＿（请注明）

7. 您认为贵合作社所在地青壮年劳动力不足的原因是：（可多选）

□农村生活条件较差　□农村工资待遇低　□对工作环境不满意
□个人发展空间小　□其他原因：_____（请注明）

8. 贵合作社劳动力来自内部成员的情况：

□不深入　□不太深入　□一般　□比较深入　□深入

四、技术要素

1. 贵合作社生产经营所需技术的主要来源为：

□自有技术　□政府提供　□公司提供　□科研院所提供

2. 对贵合作社进行技术指导的技术人员主要来自：

□技术公司　□高校、科研机构　□政府部门　□无技术人员（选择此项跳过第 4 题）

3. 贵合作社与技术单位合作的主要方式是：

□聘用技术人员　□实行技术入股　□购买相关技术
□其他：_____（请注明）

4. 每年用于技术方面的支出占贵合作社总成本的比例为：

□10%以下　□10%～20%　□21%～30%　□31%～40%　□41%～50%　□50%以上

5. 您对于贵合作社技术运用及获得技术信息的过程是否满意：

□非常满意　□比较满意　□满意　□一般　□不满意

6. 贵合作社目前希望获得哪方面的技术指导：（限选三项）

□种、养殖技术　□管理技术　□运输储藏　□市场营销　□电子商务　□其他：_____

7. 您参加技术培训的意愿：□非常高　□比较高　□一般　□较低
□没有意愿

8. 您最喜欢的技术培训方式：□课堂面授　□现场指导　□参观考察
□远程教育

9. 贵合作社所需技术源自自有技术的情况：

□不深入　□不太深入　□一般　□比较深入　□深入

五、信息要素

1. 贵合作社所销售农产品的市场定位：□低端市场　□中端市场
□高端市场

2. 贵合作社是否拥有自己独立的品牌：□是　□否

3. 贵合作社拥有农产品质量认证的类型是：（可多选）

□无公害农产品　　□绿色食品　　□有机产品　　□地理标志产品
□无认证

4. 贵合作社所售农产品的加工程度为：

□初级加工（包装）　　□深加工（酿造、提取等）　　□贮藏保鲜类
加工　　□无加工（选择此项跳过下一题）

5. 贵合作社农产品的加工方式为：□自行加工　　□委托加工
□其他：＿＿＿＿＿＿

6. 贵合作社的产品主要通过哪些渠道进行销售：（多选）

□电商平台　　□农超对接　　□传统批发市场　　□农产品加工企业
□微商　　□其他：＿＿＿＿＿＿＿（请注明）

7. 贵合作社获取市场信息的渠道有：（可多选）

□广播电视　　□互联网　　□报刊书籍　　□与专业人员交流　　□政府
宣传　　□与同行交流　　□市场调查　　□其他

8. 每年用于市场开发的费用支出占贵合作社总成本的比例为：

□10%以下　　□10%~20%　　□21%~30%　　□31%~40%　　□41%~50%
□50%以上

9. 您对贵合作社市场开发情况是否满意？

□非常满意　　□比较满意　　□满意　　□一般　　□不满意

10. 贵合作社在开拓市场时遇到的困难有：（限选三项）

□产品特色不明显　　□市场信息不全面　　□市场进入壁垒较高
□价格优势不足　　□其他：＿＿＿＿＿＿＿（请注明）

11. 贵合作社主要通过合作社联系电商平台、农超对接、农产品加工
企业、微商和其他类型的情况：

□不深入　　□不太深入　　□一般　　□比较深入　　□深入

六、管理要素

1. 贵合作社重大决策是如何决定的？

□召开全体社员（或代表）大会　　□董事长一人说了算　　□由核心成
员共同决定　　□其他：＿＿＿＿＿＿＿（请注明）

2. 贵合作社日常的运营管理工作：

□由董事长兼任　　□由核心成员共同负责　　□聘请职业经理人

□其他：＿＿＿＿＿＿＿

3. 贵合作社主要采取的盈余分配方式为：

□按股分红　□按交易额分红　□二者结合　□以上都不是

4. 贵合作社是否有 5 年以上的长期发展目标：□是　□否

5. 您认为贵合作社未来发展的方向应该是：

□以合作社内部开展合作为主要方向（如合作社内部开展信用合作）

□以寻求外部合作为主要方向（如组建农民专业合作社联合社）

6. 贵合作社目前面临的风险：□很大　□较大　□一般　□不大
□无风险

7. 目前主要风险来源：□自然风险　□市场风险

8. 贵合作社降低风险的途径是：（可多选）

□参加保险　□利用政府补贴政策　□拓展销售渠道
□其他：＿＿＿＿＿＿（请注明）

9. 您认为目前合作社管理中存在哪些问题？（可多选）

□管理人员素质不高　□管理机制不健全　□管理机制虽健全但形同
虚设　□缺乏职业经理人　□普通社员难以实质性参与管理
□其他：＿＿＿＿＿＿（请注明）

10. 合作社日常的运管管理工作由董事长兼任、核心成员共同负责的
情况：

□不深入　□不太深入　□一般　□比较深入　□深入

七、政策要素

1. 贵合作社能够享受到的相关公共服务主要是：（可多选）
□土地流转　□基础设施建设　□良种的提供　□采用新技术
□农机补贴　□建立示范基地的补贴　□相关培训　□资金来源
□劳动力支持

2. 您社对当前农业公共服务是否满意：
□非常满意　□比较满意　□满意　□一般　□不满意

3. 贵合作社曾获得过的农业资助为：
□国家级资助　□省级资助　□地方级资助　□公益资助　□无

4. 您对各种惠农政策是否了解：□非常了解　□比较了解　□一般
□不太了解　□不了解

5. 您对目前惠农政策是否满意：□非常满意　□比较满意　□满意
□一般　□不满意

6. 贵合作社最需要政府在哪些方面给予扶持：（限选三项）

□土地流转　□基础设施建设　□良种的提供　□采用新技术　□农
机补贴　□建立示范基地的补贴　□相关培训　□资金来源　□劳动力
支持

再次感谢您的支持与配合！